Hans-Georg Noack
Hautfarbe Nebensache

Von Hans-Georg Noack sind in den Ravensburger Taschenbüchern erschienen:

»Die Milchbar zur bunten Kuh«	RTB 201
»Rolltreppe abwärts«	RTB 299
»Trip«	RTB 320
»Benvenuto heißt willkommen«	RTB 374
»Die Abschlußfeier«	RTB 385
»Die Webers, eine deutsche Familie«	RTB 591
»Suche Lehrstelle, biete . . .«	RTB 619
»Hautfarbe Nebensache«	RTB 696
»David und Dorothee« (zusammen mit Ingeborg Bayer)	RTB 819

Hans-Georg Noack

Hautfarbe Nebensache

Otto Maier Ravensburg

Lizenzausgabe
als Ravensburger Taschenbuch Band 696,
erschienen 1981

Die Originalausgabe erschien
im Signal-Verlag Hans Frevert, Baden-Baden

Umschlagillustration: Eberhard Weißflog

Gesamtherstellung: Ebner Ulm
Printed in Germany

10 9 8 91 90

ISBN 3-473-38696-0

»Erst dann wird alles gut sein, wenn jedermann verstanden hat, daß der Mensch die Hauptsache, seine Hautfarbe aber Nebensache ist.« So lautet der letzte Satz dieses Buches. Als ich ihn vor über 20 Jahren niederschrieb, lagen Krieg und nazistischer Rassenwahn 15 Jahre zurück, und es war beklemmend, daß die hier erzählte Geschichte gleichwohl aktuell war.

Bei einer unveränderten Neuausgabe fragt man sich, ob die Aktualität geblieben ist.

So, wie sie hier beschrieben ist, könnte die Geschichte sich nicht mehr in allen Einzelheiten abspielen, das ist wahr. Aber man brauchte nur einige Äußerlichkeiten zu ändern.

Wenn wir heute von Rassismus reden, dann denken wir sogleich an Südafrika, uns fallen die Diskriminierungen in den USA ein, die auch durch veränderte Gesetze nicht aus der Welt geschafft worden sind. Aber das alles ist weit weg. Bei uns . . .

Bei uns sollte man einmal einen farbigen Studenten nach seinen Erfahrungen bei der Zimmersuche befragen, dann wird man nachdenklich. Bei uns sollte man sich einmal mit Sintis zusammensetzen, um von ihnen zu erfahren, was es heißt, bei uns Zigeuner zu sein, dann wird man verlegen. Bei uns muß man nur einmal mithören, was alltäglich über türkische Gastarbeiter gesagt wird, dann muß man sich schämen. Bei uns muß man die Diskussion über Menschen aus fernen Ländern verfolgen, die an unseren Grenzen um politisches Asyl bitten, dann müßte man sich empören.

Es hat sich nichts daran geändert, daß für minderwertig gehalten wird, wer in irgendeiner Hinsicht anders ist. Der Unterschied braucht nicht in der Hautfarbe zu liegen. Volkszugehörigkeit, Glaube, politische Überzeugung, äußeres Erscheinungsbild – alles, was einen Menschen von anderen unterscheidet, genügt auch, um ihn der Herabsetzung, der Verachtung und unterschiedlichen Formen der Verfolgung und Unterdrückung auszusetzen.

Nichts wird sich ändern, solange wir uns nicht ändern. Menschen werden in Furcht vor Verfolgung leben, solange wir uns fürchten, für die Verfolgten einzustehen. Entrüstung und Empörung allein genügen nicht, wenn aus ihnen nicht der Wille entsteht, zumindest in unserer eigenen Umgebung, in unserem eigenen Lebenskreis den anderen zu achten, dem Verfolgten Zuflucht zu geben, dem Heimatlosen ein Obdach und dem Hungernden Brot. Wir können keine Not wenden, wenn wir nicht das Notwendige tun.
»Erst dann wird alles gut sein, wenn jedermann verstanden hat . . .«

Hans-Georg Noack

Als der Junge aus dem Bahnhof trat, die beiden Koffer absetzte und die Finger ein paarmal öffnete und schloß, weil ihn die Hände vom Tragen schmerzten, wurde er von vielen Vorübergehenden eindringlich gemustert. Manche blieben sogar stehen, um ihn genauer anzuschauen, und ein kleines Mädchen stellte sich dicht vor ihm auf und staunte mit offenem Munde.

Der Junge bemerkte das Aufsehen nicht, das er erregte. Es war ihm selbstverständlich. Überall, wo er sich blicken ließ, verdrehten die Leute die Köpfe, staunten Kinder. Er hätte es als ungewöhnlich empfunden, wäre es einmal anders gewesen. Außerdem achtete er auch wenig auf die Menschen, sondern betrachtete aufmerksam das erste Bild, das die kleine Stadt – deren Namen wir nicht nennen wollen, weil nicht alles, was zu berichten ist, ihren Einwohnern zur Ehre gereicht – dem Ankommenden zu bieten hatte.

Der Verkehr war nicht stark. Ein Blumenbeet mit einem schüchtern plätschernden Springbrunnen in der Mitte wirkte freundlich. Drei Straßen führten vom Bahnhofsvorplatz stadtwärts. Sie waren sauber, und ihre Häuser begnügten sich höchstens mit zwei Stockwerken.

Der Junge schien zufrieden. Er nahm die Koffer auf, setzte sie aber gleich noch einmal ab und ging ein paar Schritte bis zum Bordstein, an dem ein einsames Taxi stand, dessen Fahrer ohne große Hoffnung auf einen Fahrgast wartete und indessen die Zeitung las.

»Entschuldigen Sie, wie komme ich zum Lehrlingsheim der Willnow-Werke, bitte?«

Der Fahrer blickte über den Zeitungsrand dem Jungen ins Gesicht, dann ließ er das Blatt sinken. Aber es dauerte ein Weilchen, bis er antwortete. Zunächst schien er vollauf damit beschäftigt, etwas Seltsames zu begreifen. »Zum Lehrlingsheim willst du?« vergewisserte er sich noch einmal, und da der Junge das bejahte, erkundigte er sich: »Wo hast du denn so gut deutsch sprechen gelernt?«

»Ich bin Deutscher«, erklärte der Junge und lächelte.

»So, so«, nickte der Fahrer, aber er war nicht recht überzeugt. »Dann willst du wohl hier als Lehrling anfangen?«
»Freilich. Aber können Sie mir vielleicht jetzt sagen ... Ich möchte nicht gern unpünktlich sein.«
»Ja, ja, ich verstehe. Also, paß auf: Du gehst ... oder ich könnte dich ja auch hinfahren.«
Der Junge wehrte verlegen ab: »Viel Geld habe ich nicht, wissen Sie. Und es kann doch auch eigentlich nicht sehr weit sein.«
»Hol deine Koffer, ich bringe dich hin. Ich fahre sowieso am Heim vorbei, weil ich jetzt zum Essen nach Hause will. Es kostet also nichts.«
Aufmerksam sah er zu, wie der Junge sein Gepäck herbeischaffte, half ihm, es im Kofferraum zu verstauen, und öffnete dann einladend die Tür zum Vordersitz. Der Wagen rollte an.
»Du bist Deutscher, sagst du?«
»Ja, aus München.« Ein prüfender Blick veranlaßte den Jungen, seine Auskunft zu erweitern: »Mein Vater ist Amerikaner.«
»Ach so, drum«, meinte der Fahrer und schien nun endlich klarzusehen. »Wie heißt du denn?«
»Jonny Kraus.«
»Jonny, soso. Aber hier sind wir schon.« Er half beim Aussteigen und schüttelte dem Jungen die Hand: »Na, dann alles Gute in unserem Städtchen. Wir werden uns ja sicher manchmal sehen.«
»Vielen Dank und auf Wiedersehen!«
Der Wagen fuhr davon. Jonny nahm die Koffer, stieg die drei Stufen zur Haustür hinauf und läutete. Sofort wurde geöffnet, und eine Frau im weißen Kittel rief: »Ach, das ist der Jonny Kraus, nicht wahr? Herzlich willkommen, Jonny! Die anderen haben gerade angefangen zu essen. Du wirst auch hungrig sein, denke ich. Komm, ich zeige dir, wo du die Hände waschen kannst, und dann geht es gleich zu Tisch. Die Koffer laß nur hier auf dem Gang stehen. Du kannst sie dann später holen, wenn ich dir dein Zimmer zeige.«
Während sich Jonny im blitzsauberen Waschraum die Hände wusch, blieb sie neben ihm stehen und betrachtete ihn mit einem beharrlichen mütterlichen Lächeln, das der Junge mehr spürte als sah und das ihn mißtrauisch werden ließ, weil es nicht zu den bisherigen Erfahrungen seines fast fünfzehnjährigen Lebens paßte. »Merkwürdig«, dachte er, »in dieser Stadt scheinen alle Leute vor Freundlichkeit fast zu bersten.« Und es war ihm unbehaglich.

Dieses Gefühl verstärkte sich, als er in den Speiseraum trat. Etwas mehr als zwanzig Jungen saßen an kleinen Tischen beim Essen. Als Jonny, von der Heimleiterin begleitet, in der Tür stand, verstummten mit einem Male Unterhaltung und Besteckgeklapper. Alle Gesichter kehrten sich dem Ankömmling zu. Das war normal, und Jonny hatte es nicht anders erwartet. Aber daß sich alle nach zwei Sekunden bereits wieder ihren Tellern zuwandten und weiteraßen, als gäbe es nichts Ungewöhnliches, das war nicht mehr normal und versetzte Jonny in eine eigentümliche Unruhe, die ihn auch nicht verließ, als ihm ein freier Platz an einem Tisch zugewiesen wurde, an dem schon drei andere Jungen saßen. Sie löffelten ruhig weiter und gaben sich offensichtlich alle Mühe, dem Neuen nicht ins Gesicht zu sehen.
Während Jonny aß, fiel ihm auf, daß nun kein freier Platz mehr im Raum war.
»Ich bin wohl der letzte?« fragte er sein Gegenüber. Der Junge nickte bestätigend und sagte: »Die anderen fünf Neulinge sind doch schon gestern gekommen.«
»Ach?« Und plötzlich begriff Jonny, warum ihm der Empfang so merkwürdig erschienen war. Man hatte die anderen auf seine Ankunft vorbereitet, und er konnte sich ziemlich genau vorstellen, was man ihnen gesagt hatte: »Er sieht anders aus als ihr, starrt ihn nicht an, tut so, als sei gar nichts Besonderes an ihm.« Und nun sahen also alle angestrengt an ihm vorbei, wenn sie glaubten, daß er ihre neugierigen Blicke bemerken könne. Sicher hatte man es gut gemeint, als man mit den Kameraden sprach, aber erreicht war nur, daß er eben doch nicht so behandelt wurde wie irgendeiner von ihnen.
Ein Weilchen dachte er nach, dann stieß er seinen Nachbarn an. »Du, sag mal, hat mich hier an der Nase etwas gestochen?« Er lächelte mit blitzenden Zahnreihen.
Der Nachbar schaute. Es war ihm anzumerken, daß er es nur ungern tat.
»Nein, nichts zu sehen.«
»Das habe ich mir gedacht. Ich merke auch gar nichts.«
»Warum fragst du dann?«
»Damit mich überhaupt jemand ansieht. Ihr habt wohl strengen Befehl, nicht zu merken, daß ich dunklere Haut habe als ihr, wie? Das läßt sich auf die Dauer doch nicht verheimlichen. Mein Vater war nun einmal ein Schwarzer. Ich kann es nicht ändern.«
Der Nachbar, der Kleinste der Runde, war ein wenig verwirrt und mur-

melte: »Das ist doch auch gleichgültig. Die Hautfarbe ist ja Nebensache.«
»Das denkst du«, sagte Jonny, »aber ...«, doch er sprach den Satz nicht weiter, sondern erkundigte sich lieber nach den Namen seiner Tischgefährten, und bald unterhielten sich die vier ganz ohne Hemmung und überwachte Blickrichtungen.
Ihr Gespräch war fast so lebhaft wie das am Familientisch des Taxifahrers Preussner. Der hatte mit der Nachricht, daß es im Lehrlingsheim jetzt einen leibhaftigen Schwarzen gäbe, so viel Neugier erweckt, daß die spärlichen Auskünfte, die er geben konnte, die Fragelust seiner Frau und der ältesten Tochter durchaus nicht zu befriedigen vermochten. Immerhin waren sie ausreichend, um von der Frau und dem Mädchen schnell verbreitet zu werden. Ehe Jonny noch vom Abendessen aufstand, wußten Dutzende, ehe er noch zum erstenmal ins neue Bett kroch, wohl Hunderte von seiner Existenz. Niemals zuvor hatten in dem kleinen Städtchen so viele Menschen den Wunsch gehabt, einen Feinmechanikerlehrling zu sehen, wie an diesem Tage. Und Brigitte, die große Tochter des Herrn Preussner, freute sich auf den nächsten Tag. Da würde sie den neuen Lehrling sicher im Betrieb sehen.

Die drei Stubengefährten schliefen bald, aber Jonny lag noch lange wach. Er hielt die Augen offen. Draußen ließ leichter Wind eine Straßenlaterne schwingen, und ihr Licht warf einen tanzenden Blattwerkschatten gegen die Zimmerdecke.
Der Junge war müde von der Reise, aber es lebte eine Unruhe in ihm, die ihn nicht schlafen ließ. Erst wußte er sich diese Unruhe selbst nicht zu erklären, doch je länger er ihr nachspürte, desto deutlicher wurde sie. Und sie wurde zur Furcht. Heute begann ja etwas ganz Neues. Ein Beruf – nun ja. Aber die beginnende Lehrzeit ängstigte ihn nicht. Er wußte, daß er sich auf Kopf und Hände verlassen konnte. Doch zugleich begann das Leben in einer ganz neuen Umgebung: ein Leben unter lauter Menschen, die von weißen Eltern weiße Haut geerbt hatten. Und er wußte genau, wie schwer das sein konnte, wußte es aus wenigen, aber immer trüben Erfahrungen.
Im Heim, in dem er bisher aufgewachsen war, gab es keine Schwierigkeiten. Da mochten ihn alle gern, und er war eigentlich immer der Anführer der anderen Jungen gewesen. Er war der größte und stärkste unter ihnen. Meistens wollte man nicht glauben, daß er noch nicht einmal

fünfzehn Jahre alt war. Aber seine körperliche Überlegenheit bewirkte wohl, daß man ihn fürchtete und deshalb achtete, doch sie hätte nicht ausgereicht, ihn auch bei allen Kameraden beliebt sein zu lassen. Dafür sorgten seine Fröhlichkeit, seine Hilfsbereitschaft, sein Sinn für Gerechtigkeit, der ihn zum Schiedsrichter werden ließ, wenn es einen Streit gab. Ja, Jonny war beliebt. Aber alle, die sich ihm so willig unterordneten, waren braun wie er. Alle hatten sie weiße Mütter und schwarze Väter. Da war es leicht, sich zu behaupten. Doch sobald es nötig wurde, aus der Abgeschlossenheit des Heimes herauszutreten, wurde alles anders. Man wurde angestaunt, das ließ sich noch ertragen, aber oft wurde man mit einer spöttischen Überlegenheit betrachtet, die unerträglich war. Woher nahmen denn alle diese Menschen den Grund zu ihrem Spott und Überlegentun? Nur aus ihrer Hautfarbe? Oft genug war Jonny froh gewesen, recht schnell wieder im Heim unterzutauchen, in dem er kein Besonderer war.

Es war widersinnig: Das Heim wurde ihm zum Inbegriff der Geborgenheit, und dabei war es doch nichts anderes als ein beschämendes Zeichen des Ausgeschlossenseins.

Von heute an gab es keinen Rückzug mehr anzutreten. Es galt, sich in einer Umgebung zu behaupten, die ihn zwar freundlich begrüßte, doch die er beargwöhnte, weil es allem, was er bisher erfahren hatte, widersprochen hätte, der ersten Freundlichkeit zu trauen.

Jonny dachte das alles nur unklar, als er lag und darauf wartete, endlich einzuschlafen. Der vierzehnjährige Peter, der sechzehnjährige Erhard und dessen gleichaltriger Freund Wolfgang atmeten ruhig. Jonny lauschte so lange auf ihre Atemzüge, bis er endlich auch einschlief. Zu spät freilich, um am nächsten Morgen richtig ausgeruht zu sein. Aber die Müdigkeit war spurlos verschwunden, als er zum erstenmal gemeinsam mit den anderen zum Werk hinüberging.

Die Lehrwerkstatt gefiel ihm. Herr Willnow, der Besitzer des Werkes, sparte nicht gern, wenn es um seine Lehrlinge ging. Er brauchte gute Fachleute, und wenn das noch junge Werk sich seinen Wünschen und Plänen entsprechend entwickelte, würden diese Fachleute knapp werden. In der kleinen Stadt konnte man sie gewiß nicht alle finden. Also kam es darauf an, die Jungen aus dem Lehrlingsheim so an den Betrieb zu binden, daß sie nach beendeter Lehrzeit nicht nach anderen Stellen suchten.

Die älteren Lehrlinge gingen an ihre Plätze. Die sechs Neulinge blieben

am Eingang stehen. Es sah aus, als drängten sie sich eng zusammen wie Hühner, die sich fürchten.
Ein großer blonder Mann kam auf sie zu, blieb vor ihnen stehen und blickte sie prüfend an. »Ich bin Lehrausbilder Simons«, sagte er. »Wir werden nun ein paar Jahre miteinander arbeiten. Hoffentlich vertragen wir uns.« Er gab jedem die Hand, die Jungen nannten dabei ihre Namen, und einige versuchten sogar kleine Verbeugungen, denen man ansah, daß sie seit Jahren nicht mehr geübt worden waren.
»Aha, Jonny Kraus«, sagte Herr Simons und blickte ein wenig abweisend auf den größten seiner neuen Schützlinge. Es schien, als wolle er noch etwas hinzufügen, aber er wandte sich dann doch wieder an alle und erklärte, sie würden nun erst einmal durch das Werk gehen. Schließlich müsse man ja nicht nur seinen eigenen Arbeitsplatz kennen, sondern auch das Ganze, zu dem er gehöre. Die Arbeit mache dann mehr Freude.
Von der Materialannahme bis zum Versand war ein langer Weg. Reichlich dreihundert Männer und Frauen mochten hier beschäftigt sein, und alle musterten neugierig die Lehrlinge, die da befangen beisammenstanden und sich erklären ließen, welche Aufgaben die einzelnen Abteilungen zu erfüllen hatten. An Jonny blieben die Blicke am längsten haften, und als die Jungen die Packerei verließen, hörte er noch, daß ein junges Mädchen zu ihren Kolleginnen kichernd sagte: »Habt ihr den Großen gesehen? Schick sieht er aus, nicht wahr? Wie Vollmilchschokolade. Direkt zum Anbeißen.«
Die kleine Gruppe ging durch die Büros im Verwaltungsgebäude. In einem Raum saßen vier junge Mädchen und klapperten emsig auf ihren Schreibmaschinen. Als die Jungen eintraten, wandten sie ihnen die Köpfe zu und lächelten über die verlegenen Buben, die taten, als sähen sie die Mädchen nicht und seien ganz von den Erklärungen ihres Meisters in Anspruch genommen. Nur Jonny nickte den Maschinenschreiberinnen zu, und als er sah, daß die jüngste von ihnen ihn besonders aufmerksam betrachtete, lächelte er sie an und nickte noch einmal. Das Mädchen wurde rot, und Jonny fand, daß ihr das gut stand.
»Sieh ihn dir genau an, Brigitte«, sagte da Herr Simons, dem die kleine Begrüßung nicht entgangen war. »Er sieht ein bißchen merkwürdig aus, nicht wahr? Er ist nämlich heute früh in den Kakao gefallen.«
Die Mädchen kicherten über den Witz des Lehrausbilders, fünf Lehrlinge grinsten. Jonny wurde ein wenig blaß, denn so sah es bei ihm aus,

wenn er errötete. Er lächelte nicht mehr. Er wußte, wie solche Scherze sich verbreiten und zur Qual werden können. Und Brigitte lachte auch nicht. Sie blies unwillig eine blonde Locke aus der Stirn, schwenkte ihren Drehstuhl herum, daß sie den Besuchern den Rücken kehrte und hämmerte auf ihre Maschine ein. Jonny blickte sich noch einmal nach ihr um, als sie das Büro verließen, aber sie war beschäftigt und achtete nicht darauf.

Eine Stunde später war der Rundgang beendet. Kaum waren sie wieder in der Lehrwerkstätte angelangt, als das Telefon läutete und Meister Simons zu Herrn Willnow gerufen wurde. »Schaut inzwischen den anderen ein wenig auf die Finger. Es wird euch interessieren, was die tun. Ich werde bald zurück sein.«

Herr Willnow wies einladend auf den Sessel, der seinem Schreibtisch gegenüberstand. »Nehmen Sie Platz, Simons.« Dann zündete er sich eine Zigarette an, überlegte einen Augenblick und reichte dem Lehrmeister das Etui.

»Ich habe Sie rufen lassen, weil mir die Mädchen von der Rechnungsabteilung soeben ganz begeistert von Ihrem Witz berichtet haben.«

»Von welchem Witz, Herr Willnow? Ich erinnere mich nicht. Und schlechte Witze erzähle ich nicht. Wenigstens nicht so jungem Gemüse.«

»Über die Qualität von Witzen läßt sich streiten. Ich meine Ihre Bemerkung über den neuen Lehrling Jonny Kraus. Über dessen Hautfarbe, genauer gesagt.«

»Ach so!« Herr Simons lächelte. »Das war doch nur ein Scherz. Ich habe mir gar nichts dabei gedacht.«

Der Direktor lächelte ebenfalls. »Ich nehme die Sache auch nicht tragischer als sie ist, Simons. Verstehen Sie mich bitte nicht falsch. Ich meine nur, daß dieser Scherz vielleicht nicht besonders taktvoll war.«

»Nun ja, vielleicht«, gab der Lehrausbilder zu. »Aber es war eben wirklich nur ein Scherz.«

»Ich könnte mir denken, daß ein junger Mensch wie dieser Jonny besonders empfindlich ist. Sie wissen doch: diese Mischlinge sind immer ein wenig Außenseiter unserer Gesellschaft. Das spüren sie auch genau, und deshalb werden sie manches für Feindseligkeit halten, was durchaus nicht so gemeint ist. Ich glaube, in solchen Fällen kann man mit unpassenden Witzen leicht etwas verscherzen, was man nur ungern missen möchte. Die Sympathie eines jungen Mitarbeiters nämlich.«

»Na, wie eine Mimose sieht der Junge nicht gerade aus.«
»Trotzdem scheint es mir besser, ihn etwas vorsichtiger zu behandeln. Wenigstens für den Anfang, bis er sich eingelebt hat. Mit einem Mischlingsjungen nimmt man nun einmal gewisse Probleme in den Betrieb auf. Das läßt sich nicht ändern.«
»Entschuldigen Sie die Frage, Herr Willnow. Selbstverständlich ist das nur Ihre Sache. Aber warum haben Sie denn nicht lieber auf diese Probleme verzichtet? Auf die Probleme und auf den Jungen, meine ich.«
Direktor Willnow schwieg ein Weilchen, als sei es schwierig, eine Antwort auf diese Frage zu finden. »Ja, sehen Sie, Simons, ich habe mir die Sache reiflich überlegt. Ich sage mir, daß diese Kinder doch Menschen sind wie Sie und ich ...«
»Na?« warf der Meister zweifelnd ein.
»Selbstverständlich sind sie das. Oder können sie etwas dafür, daß ihre Mütter ausgerechnet Schwarze zu Vätern ihrer Kinder gemacht haben? Sie konnten sich die Eltern genauso wenig aussuchen wie wir alle. Aber sie haben es viel schwerer als wir, weil man ihnen mit Vorurteilen entgegentritt, von denen wir verschont bleiben, weil unsere Haut die richtige Tönung hat. Ich meine, daß wir ihnen die gleichen Chancen geben müssen, wie jedem anderen Bewerber. Der Junge hat ausgezeichnete Zeugnisse, und seine Eignungsprüfung beim Fachpsychologen läßt vermuten, daß er in seinem Beruf Tüchtiges leisten wird.« Der Direktor schwieg ein Weilchen und fuhr dann fort: »Außerdem habe ich da noch einen kleinen Nebengedanken. Aber es ist jetzt noch zu früh, darüber zu sprechen. Ich glaube jedenfalls, daß wir einen guten Griff getan haben. Na ja, lassen wir das. Ich möchte Sie jedenfalls bitten, diesen neuen Lehrling mit besonderem Fingerspitzengefühl zu behandeln. Das soll beileibe kein Tadel sein, Simons.«
»Ich verstehe schon.«
Als aber der Lehrausbilder über den Hof zur Werkstatt zurückging, stand eine Falte zwischen seinen Augenbrauen. Er hatte es nicht gern, wenn ihm jemand in seinen Dienst hineinredete. Auch dann nicht, wenn dieser Jemand der Direktor war. Er hielt auch nichts von Protektion, und hier hatte es ganz den Anschein, als sollte ein Lehrling unter den besonderen Schutz des Chefs gestellt werden.
Es wäre Herrn Simons niemals in den Sinn gekommen, gegen eine ausdrückliche Anweisung des Direktors zu handeln. Er glaubte daran, daß Disziplin auch im Betrieb eine notwendige Sache sei. Es wäre auch mü-

ßig, in der Vergangenheit des Lehrausbilders herumzuschnüffeln, um herauszufinden, daß er stark von einer gewissen politischen Richtung beeinflußt worden war, zu deren Glaubenssätzen die Lehre von der Verschiedenwertigkeit der Rassen gehörte. Als Herr Simons diese Lehren in sich aufgenommen hatte, war er noch jung, und das einmal Anerkannte bleibt fast immer bis ins hohe Alter wirksam. Aber wahrscheinlich wurde seine künftige Stellung zu Jonny davon nur wenig beeinflußt. Wenn er ihn ablehnte und zugleich bemüht war, es durch keine Äußerlichkeit zu verraten, so lag das wohl nur daran, daß er meinte, das Protektionskind des Chefs vor sich zu haben. Wer durch besonderen Schutz bevorzugt wird, hat dafür stets mit dem Nachteil zu zahlen, von denen abgelehnt zu werden, die diesen Vorzug nicht genießen.
Als Herr Simons Jonny den Platz zwischen Peter, dem kleinen Neuling, und Sammy, dem schweigsamen Bücherwurm, wie er ihn nannte, anwies, tat er es mit der gleichen Freundlichkeit wie bei allen anderen.

Jonny verlor das anfängliche Mißtrauen bald. Wo Mißtrauen nur auf bösen Erfahrungen beruht, kein Charakterfehler ist, da kann man es schnell beseitigen. Fast jeder Mensch vertraut ja viel lieber und ist froh, ängstliche Bedenken über Bord werfen zu können, so schnell es nur geht. Und es gab auch nichts, das Mißtrauen zu nähren. Jonny gehörte zu den Lehrlingen. Keinem fiel es ein, in ihm einen Fremden zu sehen. Was kümmert einen Jungen die Hautfarbe des anderen, wenn nur der ganze Kerl in Ordnung ist?
Eines Morgens im Waschraum sang Jonny einen Schlager. Große gekachelte Räume verführen zum Singen, weil ihr Nachhall die Stimme trägt und klingen läßt. Um den Widerhall ganz auszunützen, sang er eine recht gefühlvolle Melodie. Neben ihm stand Wolfgang, und der stellte plötzlich das Plätschern und Prusten ein, das seine Morgenreinigung untermalte. Er hörte dem Gesang zu, und als Jonny dann begann, wehmütig die Melodie von einem Herrn namens Tom zu gurgeln, der am nächsten Morgen ganz bestimmt tot sei, stupste Wolfgang ihm den Zeigefinger in die Rippen und sagte: »Du bist engagiert, Jonny!«
»Freut mich. Wozu denn?«
»Du kannst doch singen.«
»Meinst du?«
»Und ob. Hör zu: Wir haben hier eine kleine Band. Erhard spielt Gitarre, Wilfried Schlagzeug, ich Akkordeon. Dieter lernt Trompete, aber er

ist noch nicht weit genug. Wir machen ganz anständige Musik. Ziemlich heiß, verstehst du? Und wenn du dazu ein paar Schlager singst, dann stehen die Leute einfach kopf. Kannst du englisch?«
»So ziemlich: yes, okay, good bye, blue jeans, teenager, jazzband, hands up, damned und go to hell. Ich glaube, das ist alles.«
»Na, irgendeinen Schlagertext wirst du schon auswendig lernen können.«
»Auf deutsch geht's wohl nicht?«
»Doch, das geht auch. Aber amerikanisch wirkt immer gut. Und bei deinem Aussehen . . . Also, wie ist es? Willst du?«
»Warum nicht? Man kann's ja versuchen.«
»Gut. Heute abend proben wir. Da bist du dabei. Du wirst sehen, die Leute werden rasen.«
»Welche Leute?«
»Alle. Die ganze Belegschaft. Beim Betriebsausflug im nächsten Monat sorgen wir doch für die Musik. Der Chef hat sogar versprochen, etwas dafür springen zu lassen, und ein neues Schlagzeug kauft er uns auch.«
Die anderen Musikbeflissenen waren von Wolfgangs Einfall begeistert, als Jonny abends zur Probe kam. Nach den ersten Versuchen meinte Erhard: »Und nun mußt du dir noch angewöhnen, beim Singen nicht dazustehen wie das Standbild vom Herzog Karl-Otto. Bewegung ist das halbe Geschäft. Mit seiner Stimme allein wäre nicht einmal der große Elvis eine Kanone geworden.«
Jonny gab sich alle Mühe, den Ratschlag zu befolgen, aber die Musiker waren nicht zufrieden und meinten: »Das mußt du dir im Fernsehen genau angucken und dann üben.«
Jonny versprach es. Was er singen sollte, wurde auch sogleich beschlossen. Auf englisch den »Rock around the Clock«, weil da nicht viele Worte zu lernen waren, für die Damen aus den Büros den alten »Sonny Boy«, damit auch etwas für das Gemüt dabei wäre, und dann eine ganz neue Komposition. Das erste Werk von Wolfang. Erhard hatte den Text geschrieben. »Ich bin verliebt in deine blonden Haare«, hieß das Ganze, und Wolfgang verriet, daß Erhard dabei nicht irgendwelche blonden Haare gemeint habe, sondern ganz bestimmte. »Brigitte heißt das Mädchen und arbeitet in der Rechnungsabteilung.« Jonny erinnerte sich an ein zutrauliches Lächeln und einen abweisenden Rücken.
Das erste Auftreten des neuen Schlagersängers sollte eine Überraschung

werden. Oder mehr als eine Überraschung: eine Sensation! Niemand sollte vorher davon wissen. Jonny war in den nächsten Wochen vollauf beschäftigt. Entweder er probte, oder er wartete darauf, daß ihm irgendeine Schlagergröße im Fernsehen Nachhilfeunterricht in den Bewegungen gäbe, die das halbe Geschäft sein sollten. Seine Fortschritte befriedigten die Musiker, und Erhard prophezeite: »Du wirst sehen, die Mädchen werden ganz verrückt nach dir sein. In Scharen werden sie dir nachlaufen.«

»Das sollen sie lieber bleibenlassen. Ich lege keinen Wert darauf«, meinte Jonny, und Erhard grinste: »Das ändert sich noch, verlaß dich drauf. Na ja, du bist eben noch jünger als du aussiehst. Du hast ja noch keine Ahnung.«

Sein Lächeln bemühte sich, einen reichen Erfahrungsschatz ahnen zu lassen.

Der große Tag kam schnell heran. Der Saal eines Ausflugslokals im nahegelegenen Wald konnte die Willnow-Werker kaum fassen. Alle waren in froher Stimmung, oder sie taten doch so. Der Direktor hatte nicht geknausert. Jeder hatte ein ganzes Bündel Gutscheine bekommen und konnte nach Belieben dafür einkaufen. Ehe die letzten noch aus den Omnibussen gestiegen waren, hatten die ersten Männer sich bereits um die Theke versammelt und kosteten das Bier, behaupteten, es sei ein wunderbares Gebräu und nahmen sich vor, nicht zu wenig davon zu trinken. Was man ein Betriebsvergnügen nennt, ist ja zumeist nichts als ein ausgedehntes Trinkgelage, bei dem man aus Vergnügen trinkt und am Trinken Vergnügen findet. Es scheint, als sei die Fröhlichkeit ohne Alkohol selten geworden, und es ist wohl eigentlich beschämend, daß bei vielen, wenn nicht den meisten Menschen, der höchste Genuß, den sie sich vorstellen können, eben der ist, sich zu betrinken.

Die kurze Ansprache des Herrn Willnow wurde noch mit halbem Ohr gehört, dann aber durchwogten Lärm und Tabaksqualm den Saal, die ersten Männer entledigten sich ihrer Jacken, und die Jazzband der Lehrlinge bestieg die Bühne, um die nötige Geräuschkulisse zum Tanzen zu liefern.

Die Paare drängten und schoben sich über die viel zu enge Tanzfläche. Das Geräusch ihrer Füße überdeckte fast die Weisen der Musikanten, die doch durch zwei Lautsprecher verstärkt wurden. Kreischendes Lachen über derbe Scherze, an der Theke zuweilen gröhlender Gesang bierfroher Kehlen, in den Tanzpausen Stimmengewirr. Es gab keinen Zweifel: man vergnügte sich.

Jonny saß hinter der Bühne und kaute aufgeregt an der Unterlippe. Gleich mußte er zum erstenmal auftreten. Am liebsten wäre er heimlich durch die Hintertür verschwunden, aber das wagte er nicht.

»Los, raus!« rief ihm Wolfgang zu, und Jonny trat aus den Kulissen in das helle Licht. Seine Kleidung erinnerte an die Farbenpracht eines Kolibris, aber das lag an Erhard, der es so gewollt hatte. Jonny trug ganz enge Nietenhosen, einen gelbbraunen Pullover und dazu ein rotes Halstuch.

Im Saale hatten schon manche nach Jonny Ausschau gehalten und sich gewundert, daß er nicht wie die anderen Lehrlinge durch das Getriebe wieselte. Als nun die drei Musiker zu spielen begannen und Jonny ganz dicht an das Mikrophon trat, wurde es stiller im Saal, und die es nicht bemerkt hatten und weiterlärmten, wurden von ihren Nachbarn zur Ruhe gebracht.

Donnerwetter, der Junge konnte singen! Seine Stimme war nicht mehr knabenhaft, aber noch ohne männliche Fülle. Sie klang angenehm weich, wie geschaffen für die gefühlvoll schmachtende Melodie des »Sonny Boy«. Und dann, ehe sich der Beifall noch recht entfalten konnte, stürzten sich die Instrumente in den »Rock around the Clock«, und Jonny, der bisher fast ohne Bewegung am Mikrophon gestanden hatte, geriet in wirbelnde Beweglichkeit, seine eben noch so melodische Stimme brachte nun jenen an Halskrankheiten erinnernden Gesang hervor, mit dem einige junge Burschen berühmt geworden sind.

Das Stück war noch nicht beendet, als der Beifall einsetzte. Zuerst waren es die Lehrlinge, die klatschten, trampelten, pfiffen und johlten, aber dann waren es viele. Und selbst diejenigen, die eigentlich nichts von dieser neuen und ein wenig beängstigenden Form der Musik hielten, klatschten begeistert mit. Es war ja einer aus ihrem Betrieb, der mit strahlendem Gesicht dort oben stand und sich nach allen Seiten bedankte. Es war ein Lehrling, dem man alle Tage im Werk begegnen konnte. Und gut sah er aus. Sehr gut sogar.

Die jüngeren und älteren Mädchen wollten gar nicht mehr aufhören mit ihrem Jubel. Aber die Musiker begannen schon wieder zu spielen. Eine unbekannte Melodie. Jonny sang: »Ich bin verliebt in deine blonden Haare«, und da sein Blick beim ersten Satz zufällig auf Brigitte fiel, erinnerte er sich daran, daß er einen Text sang, der eigentlich eine Liebes-

erklärung Erhards an Brigitte war. Er lächelte dem Mädchen zu und wandte die Augen nicht mehr von ihr. Sie bemerkte es, errötete und beschäftigte sich dann mit ihrem Glase, um Jonnys Blick auszuweichen.
Gleich nach dem letzten Ton, ohne den erneuten Beifall abzuwarten, eilte Jonny die kleine Holztreppe von der Bühne in den Saal hinunter. Er war glücklich, daß alles so gut abgelaufen und nun endlich überstanden war. Jetzt aber wollte er nicht mehr hinter der Bühne hocken, sondern mit den anderen feiern.
Sofort war er umringt. Ein paar Jungen klopften ihm auf die Schultern und redeten sehr laut auf ihn ein. Von zwei Seiten zugleich zog man an seinen Armen, um ihn an irgendwelche Tische zu nötigen, aber dann kam der kleine Stubengefährte Peter und sagte: »Du sollst mal zum Chef kommen, Jonny.«
Herr Willnow saß mit seiner Frau und einigen leitenden Mitarbeitern des Werkes an einem Tisch in einer Ecke des Saales. Er stand auf und schüttelte seinem Lehrling die Hand: »Großartig, Jonny! Ich sehe schon kommen, daß du einmal ein berühmter Schlagersänger wirst.«
»Ich möchte eigentlich lieber ein guter Feinmechaniker werden.«
»Wirst du, mein Junge, wirst du. Dafür werden wir schon sorgen. Ich habe gehört, daß dein Meister mit dir zufrieden ist. Mach weiter so.«
Da er sich wieder setzte, wollte Jonny sich verabschieden, aber Frau Willnow meinte: »Ausgeschlossen. Erst müssen Sie mit uns auf Ihren Erfolg anstoßen.« Sie ergriff bereits ein leeres Glas, Herr Willnow selbst schenkte ein. Jonny war verlegen und ein wenig unbeholfen. Mit Weingläsern hatte er noch nie zu tun gehabt.
»Auf Ihren Erfolg, Jonny.« Frau Willnow lächelte und stieß leicht an das Glas, das Jonny in der Hand hielt. »Auf deinen Erfolg, Junge. Aber nicht nur beim Singen, sondern vor allem im Beruf«, sagte der Direktor, und auch die anderen Herren, der Prokurist, der Hauptkassierer und der Ingenieur tranken dem Jungen zu. Der leerte hastig sein Glas, lächelte noch einmal allen zu, sagte »Danke schön« und verzog sich.
»Er hat es aber eilig, von uns wegzukommen«, meinte lachend der Ingenieur.
»Er will zur Jugend«, sagte der Prokurist. »Und er hat recht. Sehen Sie, wie die jungen Mädchen ihn alle anstrahlen? Was kann ihm da schon an uns alten Leutchen gefallen? Sie meine ich damit selbstverständlich nicht, gnädige Frau.«
Jonny war glücklich. Einfach glücklich. Es war wie Trunkenheit. Alle

sahen ihn an, lächelten ihm zu, schüttelten ihm die Hände. Schon saß er bei Menschen am Tisch, die er wohl hin und wieder gesehen hatte, die er aber doch nicht kannte. Hier mußte er ein Glas Bier trinken, da eine Zigarette rauchen. Beides war er nicht gewöhnt, aber es behagte ihm doch, obwohl das Bier ihm nicht schmeckte, und der Rauch der Zigaretten ihn husten und seine Augen tränen ließ.

Auf der Bühne schlug Erhard einen Trommelwirbel, und Wolfgang verkündete: »Damenwahl!«

Fünf Bewerberinnen strebten zugleich auf den Tisch zu, an dem Jonny gerade bei dem alten Meister der Werktischlerei saß.

»Ich kann doch gar nicht tanzen, wirklich nicht«, wehrte der Junge ab, aber niemand wollte das gelten lassen, und selbst der alte Meister Gruschke klopfte ihm den Rücken und ermunterte: »Bei dem Gedränge fällt das überhaupt nicht auf, und Übung macht den Meister.«

Also stand Jonny auf, und sofort legten sich zwei Arme um ihn und entführten ihn den enttäuscht zu spät Gekommenen. Seine Tänzerin war nicht eben die hübscheste. Sie mochte gegen fünfundzwanzig Jahre zählen und war sehr rundlich. Jonny war ein gutes Stück größer als sie. Hätte er wählen können, so hätte er sicherlich jede der vier anderen vorgezogen. Aber das Mädchen strahlte ihn an, hielt ihn fest, als fürchte sie, er könne ihr davonlaufen, und schmiegte sich dicht an ihn.

Jonny versuchte, seine Schritte halbwegs dem Rhythmus der Musik anzupassen.

»Oh, Sie Lügner, Sie tanzen doch wunderbar«, sagte die Tänzerin.

»Ich tanze überhaupt nicht, ich marschiere. Übrigens können Sie ruhig du zu mir sagen. Das tun doch alle.«

»Ich heiße Waltraud, aber du kannst Traudel zu mir sagen«, flüsterte das Mädchen errötend und schob ihre Hand auf seiner Schulter etwas höher, daß sie seinen Hals berührte.

Er fand sie schrecklich albern und war froh, als der Tanz vorüber war. Doch schon hatte ihn eine andere Tänzerin im Arm, und die gefiel ihm besser. Sie war hübsch, schlank und schwarzlockig.

»Kommst du mit an unseren Tisch, Jonny?«

»Gern.«

Fünf Mädchen saßen beisammen. Für Jonny wurde ein Stuhl zwischen Waltraud und die dunkelhaarige Schönheit gestellt.

»Jetzt mußt du ein Glas mit uns trinken«, bestimmte die Rundliche.

»Ich trinke nur ganz wenig. Meine Bons werden bestimmt nicht alle.

Die kannst du alle noch haben.« Sie stürzte davon, um bald darauf mit Bierflaschen zurückzukommen, so viel ihre Hände nur halten konnten.

Jonny trank. Er merkte bereits, daß der ungewohnte Alkohol ihm in den Kopf stieg, und eigentlich hätte er lieber aufgehört. Aber die Mädchen sollten nicht denken, er vertrüge noch nichts. Waltraud sorgte dafür, daß sein Glas stets gefüllt war, und manchmal, wenn der Junge gerade mit einem anderen Mädchen sprach, sah sie ihn prüfend an. Ihr Gesicht verlor dann das Lächeln.

Es ging auf Mitternacht zu. Jonny war müde und fürchtete, am Tisch einzuschlafen. Wenn er zum Tanzen gebeten wurde, lehnte er ab, denn er wußte nicht, ob er seinen Beinen noch vertrauen konnte.

Waltraud hatte unter dem Tisch ihre Hand auf Jonnys Knie gelegt und streichelte es. Der Junge bemerkte das, aber es war ihm gleichgültig. Alles war ihm gleichgültig. Er war nur noch müde, und der Kopf war so schwer.

Als alle anderen Mädchen gerade tanzten, sagte Waldtraud: »Ich möchte ein bißchen an die frische Luft. Aber allein traue ich mich nicht. Draußen im Wald ist es so dunkel. Kommst du mit?«

Jonny nickte, arbeitete sich von seinem Stuhl empor, und gemeinsam verließen sie den Saal.

Es war eine milde, sternklare Nacht, und nach dem Dunst des Saales tat die reine Waldluft wohl.

»Gehen wir ein paar Schritte«, forderte Traudel auf, legte ihren Arm um Jonnys Hütten und strebte vom Hause fort. »Mich friert«, erklärte sie und zog ihn fester an sich. Jonny ließ es widerstandslos geschehen. Doch als sie plötzlich stehenblieb, ihre Arme um seinen Hals schlang und ihn mitten auf den Mund küßte, erschrak er und sagte: »Nicht doch, Traudel, was soll denn das?«

»Bist du noch so dumm, Jonny?«

»Gar nicht dumm. Aber ich möchte jetzt wieder in den Saal gehen.«

»Bleib noch ein Weilchen.«

»Nein.« Jonny machte sich frei und ging mit großen Schritten vor ihr her. Sein Herz klopfte, und er fühlte sich plötzlich ganz nüchtern.

»Jonny, bleib doch!« rief das Mädchen noch einmal, aber der Junge wandte nur den Kopf und sagte: »Nein, lieber nicht, Traudchen. Ich bin noch viel zu klein und zu dumm.«

Bald darauf fuhr der erste Omnibus in die Stadt zurück. Die meisten der

jüngeren Lehrlinge benützten ihn. Jonny legte müde den Kopf gegen die Polster. Der kleine Peter, der neben ihm saß, entrüstete sich: »Für uns warst du überhaupt nicht zu sprechen, hast immer nur bei den Mädchen gehockt.« Da öffnete Jonny mühsam die Augen und sah seinen Nachbarn an: »Weißt du was, Peter? Ich will dir etwas verraten. Sag's aber keinem weiter. Alle Mädchen sind dumme Gänse.« Er ließ die Augen wieder zufallen und kuschelte sich in die Ecke.
Zur gleichen Zeit stand Lehrausbilder Simons an der Theke. Eine Hand hielt eine Flasche Bier, die andere einen Knopf des ihm gegenüberstehenden Kollegen.
»Viel Trubel um diesen Jonny«, lallte er. »Viel Trubel. Und das paßt mir nicht. Wir haben keinen Stolz mehr im Leibe. Ratzekahl weg – unser ganzer Stolz. Der Bursche gehört hier nicht her, verstehst du? Artfremd ist er. Jawohl, artfremd, sage ich. Züchtig ist der deutsche Mann, deutsche Frau'n sind engelschön und rein ... Walther von der Vogelweide hat das gesagt. Habe ich schon in der Schule gelernt. Kluger Mann, der Alte von der Vogelweide. Züchtig ist der deutsche Mann ... aber der Bengel ist eben artfremd, verstehst du das? Das nimmt kein gutes Ende, glaub mir, kein gutes Ende. Ein Schwarzer, oder meinetwegen ein Mulatte, zwischen uns züchtigen deutschen Männern, zwischen nordischen Menschen.«
Er drehte ein Weilchen stumm am Jackenknopf seines Gegenübers, dann seufzte er und sagte: »Aber auf mich hört ja keiner.«
Schließlich aber versuchte er, ob es in der Bierflasche Trost für seinen Kummer gäbe.

In einer kleinen Stadt weiß jeder alles, und das Betriebsvergnügen des Willnow-Werkes war für einige Tage der beliebteste Gesprächsstoff. Es gab niemanden, der nicht von dem schwarzen Sänger gehört hatte.
In einer kleinen Stadt gibt es auch unzählige Vereine. Gewiß, die Großstadt hat mehr Abwechslungen zu bieten, aber die Kleinstädter ersetzen sie durch eine Geselligkeit, die persönlicheren Charakter hat. Sie schließen sich leichter zu Gruppen zusammen und betreiben ihr Vereinsleben mit einem Gefühl würdiger Bedeutsamkeit. Da gibt es die Angler, die ihren Verein haben, die Kleingartenfreunde haben sich vereint, die Sänger treffen sich regelmäßig einmal in der Woche und singen eine Stunde, bevor der gemütliche Teil des Abends eröffnet wird. Der Sportverein hat viele Mitglieder, von denen manche aktiv sind. Die Kegler

haben ihren Klub für sich, genau wie die Ziegenzüchter. Die freiwillige Feuerwehr hat glücklicherweise nicht viele Brände zu löschen, aber sie weiß, daß die Männer sich gut kennen müssen, wenn das Zusammenwirken im Ernstfall reibungslos vonstatten gehen soll. Alle diese Vereine, Gesellschaften, Verbände, Klubs oder wie immer sie sich nennen mögen, haben ihre Stiftungsfeste, ihre Sommervergnügungen, ihre Ausflugsfahrten, ihre Herrenpartien. Und was wären diese Geselligkeiten ohne ein abschließendes Tänzchen?

In diesem Jahre wurde es zur Sitte, die Willnow-Lehrlinge zu bitten, für die Musik zu sorgen. Das hatte seine Vorteile. Einmal verlangten die Jungen nicht so viel Geld wie die Berufsmusiker und sprachen auch weniger eifrig dem ihnen gestifteten Freibier zu. Für die Kassierer der Vereine war das ein wichtiges Argument. Außerdem aber gehörte Jonny zu den Musikern, und Jonny war eine Zugnummer. Wenn auf den Plakaten stand: »Es spielt die Willnow-Band, es singt Jonny«, dann konnte man ganz sicher sein, daß die Jugendlichen kamen. Auch diejenigen, die sich sonst lieber auf ihre Mopeds schwangen und in die größere Stadt fuhren, wenn sie tanzen wollten.

Den Jungen war dieser Zustand sehr angenehm. Die Zehnmarkscheine, die sie auf diese Weise verdienten, waren eine durchaus erwünschte Zulage zum Taschengeld.

Und Jonny war begeistert. Vielleicht hätte er nicht recht erklären können, weshalb. Aber selbstverständlich tat er, als bemerkte er gar nicht, daß der Beifall besonders stark war, wenn er auf die Bühne kam. Er sah dann immer zu Peter hinunter. Der kleine Peter machte sich zwar überhaupt nichts aus Tanzveranstaltungen, aber es wäre ihm nie in den Sinn gekommen, Jonny allein gehen zu lassen. Unter keinen Umständen. So saß er denn an seinem Platz, trank eine Limonade und ließ sich deswegen von allen möglichen Leuten aufziehen und achtete viel genauer als Jonny auf alles, was mit dem Erfolg seines Freundes zu tun hatte. Und schließlich sorgte er auch dafür, daß Jonny nicht zu spät nach Hause ging, und das war sicher gut so.

Wenn Jonny manchmal des Abends mit Kameraden durch die Hauptstraße und über den Marktplatz schlenderte und von vielen Leuten, nicht nur jüngeren, gegrüßt wurde, so gab er sich zuweilen den Anschein, als sei ihm die Aufmerksamkeit, die man ihm ständig erwies, lästig. Aber als bei einem Tanzabend des Sportvereins ein paar junge Mädchen zu ihm kamen und ein Autogramm erbettelten, kam er sich doch

recht bedeutend vor und schmückte seinen Namenszug mit einem kunstvollen Schnörkel.
Es blieb ihm auch nicht verborgen, daß immer mehr Mädchen abends am Lehrlingsheim vorüber spazierten und mit ihren Blicken die Fenster absuchten, ob sie nicht Jonny irgendwo entdecken konnten.
Vielleicht wußte er es selbst noch nicht, aber er war ein Star geworden. Das mag übertrieben klingen, aber es stimmte doch. Zwar hatte ihn noch kein Rundfunksender entdeckt, keine Schallplattenfirma ihm einen Vertrag angeboten, kein Klub war nach ihm benannt und sein Name war keinem großen Publikum geläufig. Aber in der kleinen Stadt und ein paar Dörfern der Umgebung kannte ihn jedes Kind. Wer ihm am Tage begegnet war, der erzählte es am Abend zu Hause. Es gab sogar schon ein paar Jungen seines Alters, die sich in ihrem Anzug ganz genau nach ihm richteten. Sie trugen die engen blauen Nietenhosen, den gelbbraunen Pulli und das rote Halstuch und hofften, mit diesen Äußerlichkeiten einen Teil der Aufmerksamkeit auf sich zu ziehen, die Jonny so reichlich genoß. Hätte O. W. Fischer sich eines Tages in die Stadt verirrt, so hätte er sich vielleicht unerkannt und unbeachtet bewegen können. Sein Ruhm war bestimmt umfassender – in der kleinen Stadt aber war er blasser als die Berühmtheit Jonnys.
Gewiß hätte es leicht dazu kommen können, daß die Geschäftigkeit, die Jonny in seinem »zweiten Beruf« entfaltete, ihm übel vermerkt worden wäre. Es hätte dazu nur eines geringen Nachlassens in der Werkstatt und in der Berufsschule bedurft. Aber davon konnte nicht die Rede sein. Jonny hatte nicht nur Freude an der langsam an Schwierigkeit zunehmenden Arbeit im Betrieb, sondern er erwies sich auch als sehr geschickt. An seinen Werkstücken ließ sich nichts aussetzen, seine Zeichnungen waren sauber und genau, und die Aufgaben der Schule bereiteten ihm geringe Mühe. Lehrausbilder Simons achtete genau auf die Fortschritte seines Lehrlings, war wohl auch bereit, sie kritischer zu betrachten, als die der anderen Anfänger, aber er fand keinen Grund zum Tadel, oder doch keinen Grund, der zu irgendeinem wirklichen Vorwurf ausreichend gewesen wäre.
Dafür, daß Jonnys Leistungen nicht nachließen, sorgte auch der Umstand, daß ihm alles noch so neu war, daß es jeden Tag etwas Unbekanntes zu sehen und zu erlernen gab.
Bei so viel Abwechslung hatte das Interesse gar keine Zeit zu ermüden oder gar einzuschlafen.

Zu diesen Abwechslungen gehörte auch, daß eines Tages zwei Herren in der Lehrwerkstatt erschienen, von denen der eine mit Notizbuch und Kugelschreiber, der andere mit einer Kamera ausgerüstet war, die von den Lehrlingen mit Neid und Sachkenntnis bewundert wurde.
»Laßt euch gar nicht stören«, verlangte der Besucher mit dem Notizblock. »Tut so, als wären wir überhaupt nicht da. Wir wollen nur ein paar Aufnahmen machen, dann verschwinden wir wieder.«
Er hatte leicht reden, aber es ist gar nicht einfach, sich kein bißchen zu verstellen, wenn man in jedem Augenblick damit rechnen muß, daß der Verschluß der Kamera wieder klickt. Wenn schon fotografiert werden muß, dann will man doch wenigstens eine gute Figur machen.
Außerdem war es auch offensichtlich gar nicht so wörtlich zu nehmen, daß man sich genau so benehmen sollte, wie sonst immer.
»Erklär doch deinem Kollegen hier einmal, wie er die Feile richtig halten muß«, forderte der Fotograf Jonny auf.
»Nicht nötig, das kann Peter ebenso gut wie ich.«
»Glaube ich gern, aber es gäbe ein gutes Foto.«
Also beugte sich Jonny so belehrend wie möglich zum kleinen Peter, und der Fotograf war zufrieden.
Nach Feierabend gingen die Reporter sogar noch mit ins Lehrlingsheim hinüber. Essen, lesen, waschen: es gab überhaupt nichts, was sie nicht interessierte. Die Willnow-Band mußte für sie spielen, Jonny sollte singen und mußte sich eigens dafür umziehen.
»Allmählich kommen wir uns vor wie lauter O. W. Fischer's«, meinte Jonny ein wenig müde.
»Jetzt brauchst du nur noch schlafen zu gehen, dann sind wir zufrieden.«
»Ach, eigentlich ist es noch zu früh.«
»Ist doch nur für's Foto. Brauchst ja nicht liegen zu bleiben.«
»Na, schön, meinetwegen. Wenn das wirklich das letzte ist, was Sie verlangen«, gab Jonny nach, zog sich noch einmal um und schlief in einer ganzen Reihe von malerischen Stellungen, bevor die Reporter zufrieden waren.
»Wozu brauchen Sie denn die vielen Bilder?« erkundigte sich Peter. »Und kann ich denn auch eines bekommen, auf dem ich besonders gut getroffen bin? Am liebsten hätte ich das zusammen mit Jonny an der Werkbank, wissen Sie? Zu Hause würden sie sich bestimmt darüber freuen.«

»Mal sehen, was daraus wird«, gab der Fotograf unbestimmte Auskunft, sein Kollege drängte bereits zum Aufbruch, und wenig später rollten sie in ihrem kleinen Wagen davon.
Ein paar Tage redete man noch von ihnen und war gespannt, ob man jemals eines der Bilder sehen würde, aber dann wurden andere Tagesereignisse wichtiger für die Lehrlinge, und an die Reporter dachte kaum noch jemand.
Viel bedeutsamer war doch, daß Lehrausbilder Simons eines Tages bekanntgab, daß die Urlaubszeit nun endgültig festgelegt sei. Für alle Lehrlinge zugleich würden schon bald drei freie Wochen beginnen, und sie sprachen nun oft von ihren Ferienplänen. Häufiger als sonst wurden jetzt in den Gesprächen die Eltern erwähnt, und manchmal holte einer ein paar Bilder aus der Tasche, um den Kameraden seine Familie vorzustellen.
Nur Sammy und Jonny beteiligten sich nicht an solchen Unterhaltungen. Sammy las, wie er es zumeist tat, und Jonny schwieg, weil er zum gegenwärtigen Vorzugsthema seiner Kameraden nichts zu sagen wußte. Von welchem Zuhause hätte er denn erzählen sollen? Aber einmal mußte ja doch davon die Rede sein, um zu klären, was mit ihm während des Urlaubs geschehen sollte.
Die Heimleiterin, Frau Herbst, verstand seine Frage zunächst nicht.
»Du hast doch deine Mutter, zu der du fahren kannst.«
»Kann ich nicht, ich bin doch nicht eingeladen.«
»Dann mußt du ihr deswegen schreiben.«
»Ich schreibe ihr nie, und sie mir auch nicht.«
»Du könntest ja eine Ausnahme machen. Der Urlaub wäre ein guter Anlaß dazu.«
»Soll ich um etwas betteln, das für alle anderen selbstverständlich ist? Das tue ich nicht.«
Frau Herbst sah Jonny mit einem Blick an, der ihm unangenehm war, weil er Mitleid verriet. Es ist beschämend, bemitleidet zu werden.
»Ich kann dir jetzt noch nicht sagen, was wir mit dir anstellen werden, Jonny. Ich muß erst mit Herrn Willnow darüber sprechen. Wir unterhalten uns dann noch einmal«, beendete sie das Gespräch, und in den nächsten Tagen schien es, als wäre Jonnys Frage längst vergessen. Er selbst sah keinen Anlaß, darauf zurückzukommen. Er würde eben im Heim bleiben, und irgend jemand würde sich schon darum kümmern, daß er nicht verhungerte.

Erst drei Tage vor dem ersten Urlaubstag wurde Jonny zu Herrn Willnow gerufen. Es war ein wenig aufregend, zum erstenmal in das Büro des Direktors gehen zu müssen, aber Herr Willnow verstand es ausgezeichnet, alle Befangenheit sofort wegzuwischen.
»Ich habe eine Überraschung für dich, Jonny. Deine Mutter hat mir geschrieben, daß sie sich freuen würde, wenn du im Urlaub zu ihr nach München kämest.«
Das kam wirklich überraschend. So sehr sogar, daß Jonny nicht einmal wußte, ob es nun ein Grund zur Freude war oder nicht.
»Ganz von selbst hat sie das geschrieben?«
»Das konnte sie ja nicht. Sie wußte nichts von unseren Betriebsferien, da sie ja noch nie einen Brief von dir bekommen hat. Ich habe also ein wenig nachhelfen müssen.«
»Das war sehr freundlich von Ihnen. Danke schön.«
Herr Willnow schob Geldscheine über den Schreibtisch: »Das Fahrgeld hat deine Mutter auch mitgeschickt. Das wäre zwar nicht nötig gewesen, denn die Reisekosten tragen wir, aber du wirst es gebrauchen können, nicht wahr?«
»Geld kann ich immer gebrauchen.«
»Das geht den meisten Menschen so.« Der Direktor streckte seinem Lehrling die Hand entgegen. »Viel Vergnügen in München, Jonny. Geh nicht zu oft ins Hofbräuhaus.«
»Bier schmeckt mir sowieso nicht«, versicherte der Junge.
»Das geht nicht den meisten Menschen so«, lachte Herr Willnow.
Als Jonny die Treppe hinunterging, begann er sich erst zu freuen. Aber daß die gesamte Bewohnerschaft des Lehrlingsheimes an der Tür versammelt war, um ihn zu begrüßen, fand er denn doch ein wenig übertrieben.
»Bringt mich doch nicht gleich um«, wehrte er lachend die ganz aufgeregten Freunde ab. »Wartet damit wenigstens bis nach dem Urlaub. Warum seid ihr überhaupt so aus dem Häuschen? So etwas Tolles ist es doch nun wirklich nicht, daß ich nach München fahre. Ihr reist doch auch alle nach Hause.«
»Er hat tatsächlich noch keine Ahnung«, freute sich Wulf. Peter und Wolfgang ergriffen jeder eine Hand Jonnys und führten ihn, von allen anderen begleitet, zum schwarzen Brett.
»Ihr seid ja alle durchgedreht«, protestierte Jonny. »Wenn das jemand sieht, muß er denken, er sei in eine ...« Aber dann brach er ab und

starrte auf das schwarze Brett, als sei dort etwas ganz und gar Unwahrscheinliches zu sehen. Und dabei sah er doch nichts Fremdes. Nur sich selbst.

Jonny an der Werkbank, Jonny mit Peter, Jonny in Badehosen beim Waschen, Jonny in Farbenpracht singend, Jonny beim Essen, Jonny im Bett. Zwei große Seiten einer Illustrierten voller Jonny-Fotos. Und als Titel stand in großen Lettern über der Reportage: »Alle lieben Jonny!«

»Ich sause los und kaufe mir die Illustrierte«, verkündete Peter.

»Bring mir eine mit – mir auch – für mich gleich zwei!«

Herr Gabelsberger, der Buchhändler am Marktplatz, wollte erst gar nichts davon wissen, dem Lehrling Peter alle neunzehn Exemplare der Zeitschrift zu verkaufen, die er noch vorrätig hatte. Er behauptete, er müsse auch für seine Stammkunden sorgen, aber Peter ließ sich von solchen Bedenken nicht aufhalten.

»Wir müssen doch wenigstens unseren Jonny kaufen können!«

»Euren Jonny?«

»Freilich, sehen Sie, hier.« Er blätterte eifrig in einem der Hefte und hielt es Herrn Gabelsberger vor die Brillengläser.

»Hm, sehr hübsch«, gab der Buchhändler zu. »Also achtzehn Stück verkaufe ich Dir, eines brauche ich selbst.«

Als Peter zahlte, schob der Geschäftsmann ihm eine Mark zurück. »Mengenrabatt«, sagte er schmunzelnd, und während sein Kunde glücklich über den erfolgreichen Einkauf zum Heim zurücktrabte, trennte er sorgfältig die beiden Seiten aus dem zurückbehaltenen Exemplar und hängte sie in sein Schaufenster. Dann ging er zum Telefon und bestellte beim Großhändler weitere hundert Exemplare. Er sollte seinen schnellen Entschluß nicht bereuen. Nie zuvor hatten so viele junge Leute in seinem Laden Zeitschriften gekauft, wie am nächsten Tage. Er mußte sogar noch einmal nachbestellen, um alle Wünsche befriedigen zu können, und seiner Kollegin am Bahnhofskiosk ging es ebenso.

Die Folgen dieses Käuferandrangs bekam Jonny zu spüren. Daß er fast allen Lehrlingen des Heimes Widmungen unter eines der Fotos schreiben mußte, war ja selbstverständlich. Aber in der Werkstatt fanden sich auch eine ganze Reihe von jungen Mädchen aus dem Betrieb ein, die ihre Illustrierten wie Siegeszeichen schwenkten. Zuerst fand Jonny Gefallen an diesem Andrang, doch nachdem er einige Male mißbilligende Blicke des Lehrausbilders aufgefangen hatte, wurde er unwillig

und hatte kein Lächeln mehr für die nächsten, die kamen, als wollten sie beweisen, daß die Überschrift der Reportage: »Alle lieben Jonny!« nicht übertrieben war.
Endlich kam Herr Simons an Jonnys Arbeitsplatz, als gerade die dickliche Waltraut mit gezücktem Füller und verliebtem Blick dort stand und Jonny mit hilfeflehend zum Himmel verdrehten Augen wieder einmal das Werkstück aus der Hand legte, das er eigentlich bearbeiten sollte. Der Meister nahm seinem Lehrling den Federhalter aus den Fingern und rückte mit der gleichen entschiedenen Bewegung das Werkstück vor ihn.
»Hier ist kein Starkasten, sondern eine Werkstatt. Eine ganz simple Lehrwerkstatt. Es wäre gut, wenn du dich daran erinnern wolltest.«
Waltraud lächelte den Lehrausbilder an, als wollte sie ihn betören. »So ist das, wenn man eine Berühmtheit unter seinen Schäfchen hat.«
»Ich habe hier keine Berühmtheit und keine Schäfchen, sondern Feinmechanikerlehrlinge. Und je weniger Rosinen man denen in den Kopf setzt, desto lieber ist es mir. Und nun darf ich Sie wohl bitten, wieder an Ihre Arbeit zu gehen, damit in meiner Werkstatt allmählich wieder normale Zustände beginnen.«
Traudchen blickte den Meister mit einem unsagbar strafenden Blick von oben bis unten an, dann ging sie hinaus, und jeder Schritt verkündete, daß sie beleidigt war.
Herr Simons ließ sich davon nicht rühren. »Alle lieben Jonny! Meinetwegen, wenn es auch nicht ganz stimmt. Ich kann das von mir nämlich nicht behaupten. Mir sind Lehrlinge lieber, die keine Autogramme geben.«
»Aber dafür kann ich doch nichts. Mir macht der Rummel auch keinen Spaß.«
»Den Eindruck habe ich nicht.«
Vielleicht klang des Jungen Stimme um eine Spur zu scharf, als er fragte: »Bin ich ein schlechterer Lehrling als die anderen? Haben Sie etwas an mir auszusetzen? Dann sagen Sie es doch!«
»Nichts gegen deine Arbeit. Du gehörst bestimmt nicht zu den schlechtesten Lehrlingen, aber . . .«
»Freut mich, daß Sie den Jungen loben können«, sprach plötzlich Direktor Willnow dazwischen, der gerade hereingekommen war.
»Loben ist vielleicht nicht genau der richtige Ausdruck« meinte Jonny.

Herr Simons mühte sich, sein Gesicht etwas freundlicher werden zu lassen, aber das Ergebnis seiner Mühe war nicht sehr überzeugend. »Nun ja, hier ist aber heute auch wirklich die reinste Autogrammjägerei ausgebrochen.«
Herr Willnow lachte: »Jetzt werden Sie mich auch noch ausschimpfen, lieber Simons. Ich wollte nämlich unseren Jonny gerade bitten, ein paar Worte in dieses Heft zu schreiben. Ich möchte es gern in das Wartezimmer hängen. Hier Junge, überleg dir, was du mir schönes aufschreiben willst. Und Sie, Simons, kommen Sie mal ein Weilchen mit mir.«
Außer Hörweite der Lehrlinge legte der Direktor seinem Meister die Hand auf die Schulter.
»Sie sind nicht recht zufrieden, scheint mir?«
»Reichlich viel Betrieb um den Jungen.«
»Ja, ja, das ist eine Begleiterscheinung, die bald wieder abklingen wird und nicht so wichtig ist. Aber sehen Sie denn nicht, wie wertvoll er für uns ist? Bei unserem ersten Gespräch sagte ich Ihnen, daß ich einen kleinen Nebengedanken hatte, als ich dem Jungen einen Lehrvertrag gab. Bitte sehr – ich hatte recht. Zwei Seiten kostenloser Reklame in einer der größten Zeitschriften hat er uns eingebracht. Man liest über Jonny, aber man kann dann auch nicht übersehen, daß er im Willnow-Werk arbeitet. Man hört von uns, und das kann einem jungen Werk nur angenehm sein.«
»Wenn man es so betrachtet, haben Sie recht, Herr Willnow.«
»Na, also! Es gibt eine ganze Menge von schokoladefarbenen Lehrlingen seit dem ersten April. In allen möglichen Betrieben. Aber wir sind die einzigen, die darauf gekommen sind, daß diese Stifte ein interessantes Thema für das breite Publikum sind und deshalb einen gewissen Werbewert besitzen. Allerdings nur ein einziges Mal. Jetzt ist das Thema behandelt, und nun kräht kein Hahn mehr danach.«
»Man könnte also sagen: Der Mohr hat seine Schuldigkeit getan . . .«
»Ja, ja, könnte man. Aber wir sagen nicht: . . . der Mohr kann gehen. Sie wissen doch: Alle lieben Jonny. Und außerdem scheint er doch wirklich recht tüchtig zu sein.«
Jonny hatte inzwischen ein Komma hinter die Überschrift der Reportage gesetzt und einige Worte hinzugefügt. Jetzt brachte er seinem Chef das Heft und der las: »Alle lieben Jonny, und Ihr dankbarer Lehrling Jonny Kraus freut sich darüber.«

Am Abend vor der Heimfahrt der Lehrlinge war die Willnow-Band noch einmal eingeladen. Der Schwimmverein feierte sein Sommerfest. Es war ein rauschender Erfolg. Jonny mußte sogar, obwohl er sich zuerst dagegen sträubte, in einem Prominenten-Rennen über fünfzig Meter schwimmen. Der Bürgermeister, eine Schauspielerin aus der Landeshauptstadt und der Torwart der Fußballmannschaft, der das Rennen vor Jonny gewann, waren seine Gegner. Aber die Anfeuerungsrufe vom Beckenrand galten nur ihm.
Kurz nach elf sorgte Peter dafür, daß Jonny nach Hause ging. Erhard schloß sich ihnen an, die anderen wollten noch ein Weilchen bleiben.
Ein wenig müde gingen die drei nebeneinander her. Als sie durch die Gartenstraße kamen, fragte Erhard: »Sag mal, Jonny, war die Brigitte auch mit der Zeitschrift bei dir?«
»Welche Brigitte?«
»Die Blonde aus dem Rechnungsbüro. Die Tochter von dem Taxifahrer.«
»Nein, ich habe sie nicht gesehen.«
»Hier wohnt sie. Sie ist übrigens meine Freundin. Gefällt sie dir auch?«
»Ich habe sie mir noch nicht genauer angesehen. Aber wie kommt es, daß man euch nie zusammen begegnet?«
Erhard erwiderte, während er ein Auge zukniff: »Wenn wir beisammen sind, legen wir keinen Wert darauf, gesehen zu werden. Allein ist es am schönsten.«
Er meckerte ein kleines Lachen, das Jonny widerlich fand und das ihn befremdete, wenn er an das Mädchen mit dem netten Lächeln dachte.
»Redet nicht schon wieder von Mädchen«, sagte Peter, um das Thema zu wechseln. »Morgen geht es nach Hause.« Erhard ging eifrig darauf ein.
Ja, morgen war es soweit!

Heimfahren!
Alle Kameraden waren ein wenig aufgeregt, wenn sie es auch hinter einem sorgfältig zur Schau getragenen Gleichmut zu verbergen trachteten. Aber was hatten sie schon für einen Anlaß zu ihrer Ungeduld? Gewiß, sie waren fast drei Monate von zu Hause fort gewesen, und ihre Freude, nun wieder für lange Urlaubswochen daheim sein zu können, bei den Eltern, den Geschwistern, war begreiflich. Aber sie alle wußten,

wohin sie fuhren. Bekannte, vertraute, geliebte Heimat wartete auf sie, Heimat, aus der sie sich in ihrer Jungensehnsucht bisweilen hinausgesehnt hatten, und in die zurückzukehren doch jetzt so schön war.
Für Jonny war das ganz anders. Er fuhr zu seiner Mutter wie die anderen, doch für ihn bedeutete das einen Besuch bei fremden Menschen. Er hatte sich oft bemüht, seine Erinnerungen immer weiter in die Vergangenheit zurückzuzwingen, aber sie reichten nur bis zu einem Tage im Heim, an dem an seinem Platz am Frühstückstisch ein kleiner runder Kuchen gestanden hatte mit vier Lichtern darauf. An seine Mutter erinnerte er sich nicht. Als sie ihn in jenes Heim gebracht hatte, war er noch zu klein, um zu begreifen, was mit ihm geschah.
Er besaß ein Foto seiner Mutter, das er manchmal betrachtete. Der Großvater, der nun schon seit ein paar Jahren tot war, hatte es ihm geschickt. Aber wenn Jonny das Gesicht der gutaussehenden Frau ansah, rührte sich nichts in ihm. Da war keine Spur von dem Heimweh in ihm, das den kleinen Peter manchmal packte, wenn er einen Brief von zu Hause bekam, oder wenn er das Bild seiner Eltern und der beiden kleinen Brüder anschaute, das er an seine Schranktür geheftet hatte. Heimweh kann man nur haben, wenn zu Hause Menschen sind oder doch wenigstens waren, die man liebt und von denen man geliebt wird. Wonach hätte Jonny also Heimweh haben sollen? Es ist ja nicht wahr, daß die Liebe eines Kindes zu seiner Mutter mit ihm auf die Welt kommt. Diese Liebe wächst ganz langsam. Wie eine Blume Sonne und Erde und Wasser braucht, um zu gedeihen, so braucht das Kind Liebe und Behütetsein, um selbst lieben zu können. Lieben kann man nur, was man kennt. Jonny kannte seine Mutter nicht. Aber manchmal fühlte er in sich etwas wie Neid auf alle anderen Jungen, die Eltern hatten und dieses Besitzes so sicher waren, daß es schien, als achteten sie ihn kaum.
Aber jetzt würde das anders werden. Jetzt fuhr er ja heim, und nach dem Urlaub würde er sich erinnern können wie alle anderen. Er würde manchmal an seine Mutter denken. Der Gedanke würde nichts Unklares, Verschwommenes mehr haben, würde sich mit dem selbsterfahrenen Bild eines Menschen verbinden, mit einer Stimme, mit Augen, mit weichen Händen vielleicht, mit einem Lächeln. Und darauf freute sich Jonny, weil er ahnte, daß man niemals ganz allein ist, wenn man sich an einen Menschen, an einen einzigen Menschen erinnern kann, zu dem man gehört.

Zuerst waren noch vier Kameraden im Abteil, aber dann stieg einer nach dem anderen aus. Jonny sah, daß sie auf den Bahnsteigen von Müttern mit strahlenden Gesichtern erwartet wurden, ein wenig ungelenk und verlegen die Zärtlichkeiten abwehrten, die ihnen vor den vielen Menschen peinlich waren, oder einen kleinen Bruder oder ein Schwesterchen auf den Arm nahmen und so heftig drückten, daß sie damit alle Freude verrieten, die sie doch verbergen wollten, weil sie ihnen unmännlich schien.

Jonny hatte weit zu fahren. Erst sah er aus dem Fenster auf die Bäume und die Felder, die Dörfer und die Städte an der Strecke. Aber je näher er München kam, desto größere Unruhe erfüllte ihn. Nur noch eine halbe, eine Viertelstunde, Minuten nur noch bis zum Ziel.

Und dann hielt der Zug. Jonny stieg eilig aus, stand auf dem Bahnsteig und wartete, daß ihn eine Frau anspräche. Sie mußte ihn ja erkennen. Aber es waren so viele Menschen da, die ankamen oder Ankommende abholten. Vielleicht entdeckte ihn die Mutter nicht gleich. Er mußte warten. Doch dann bemerkte er, daß alle die Menschen, die sich hier eben noch gedrängt hatten, verschwunden waren. Schon schoben sich die letzten durch die Sperre. Jonny nahm seinen Koffer und ging langsam am Zuge entlang dem Ausgang zu. Auch dort erwartete ihn niemand. Er war enttäuscht, doch er gestand es sich nicht ein. Er wußte ja die Adresse und konnte sich durchfragen.

Dann stand er in einem modernen Mietshaus vor der Wohnungstür, an der ein Schild mit dem neuen Namen der Mutter befestigt war. Er läutete, und nach wenigen Sekunden wurde geöffnet. Ein hellblonder Junge, der zehn Jahre alt sein mochte, betrachtete Jonny aufmerksam und sagte dann: »Ach, du bist unser Besuch, nicht wahr? Komm herein!«

Wer mochte das sein? Hatte Jonny einen Bruder? Einen weißen Bruder? Es blieb keine Zeit, darüber nachzudenken, denn der Junge öffnete schon eine andere Tür. Jonny trat ein.

Aus einem Sessel am Fenster erhob sich eine Frau und kam ihm ein paar Schritte entgegen. »Guten Tag, Jonny«, sagte sie und bot ihm eine kühle, feste Hand. »Ich freue mich, daß du hier bist.«

Sonst nichts.

Hätte sie ihn mit irgendeiner Zärtlichkeit begrüßen wollen, so hätte er sie wohl genauso abgewehrt, wie es die Kameraden auf den heimatlichen Bahnsteigen getan hatten. Und doch war ihm, als sei ein Händedruck zu wenig.

»Du bist groß geworden«, sagte die Mutter. Es war ihr anzumerken, daß sie sich Mühe gab, etwas zu sagen.

»Ja«, antwortete Jonny nickend. »Eins zweiundsiebzig«, und er wußte nicht, wohin er sehen sollte.

»Setz dich doch. Du bist sicher müde von der Reise.«

»Nein, gar nicht«, erwiderte er, aber er setzte sich doch und dachte dabei ganz unsinnig, daß er ja nicht drei volle Wochen stehen könne.

Die Mutter zündete sich eine Zigarette an, bot auch Jonny die Packung und zog sie mit einem kleinen Lachen wieder zurück. »Ach, ich vergaß, Du bist ja erst vierzehn. Du rauchst sicher noch nicht.«

»Nein, danke«, sagte Jonny, versuchte ein Lächeln, das kein Ziel fand, und blickte auf seine Schuhspitzen.

»Das ist Bernd«, sagte die Frau und wies auf den Zehnjährigen, der an der Tür stehengeblieben war und kein Auge von dem fremden Jungen ließ. »Er ist dein . . . er ist mein Sohn, meine ich. Und das ist Jonny. Er wird ein paar Wochen bei uns bleiben.«

»Hallo, Jonny«, sagte der Kleine und sprach es »Hällou, dschonni« aus.

Jonny sah auf die Armbanduhr, die er vom letzten Lohn gekauft hatte, als müsse er sich gleich wieder verabschieden. Die Stille der Unbehaglichkeit war im Raum, die manchmal zwischen Menschen ist, die sich nichts zu sagen wissen.

»Wollen wir nicht gleich deinen Koffer auspacken?« fragte Bernd endlich, und Jonny stand erleichtert auf und folgte dem Halbbruder in dessen Zimmer.

Da schwand die Befangenheit schnell, denn der Kleine zeigte eifrig sein Spielzeug und seine Bücher, erzählte von der Schule und vom Fußballspiel und schien froh zu sein, jemanden zu haben, der sich für seine Schätze und seine Erlebnisse interessierte. So angeregt unterhielten sie sich, daß Jonnys Koffer noch immer nicht geleert war, als die Mutter zum Abendessen rief.

Im Wohnzimmer stand ein Mann mit rundem Gesicht unter straff zurückgekämmtem Haar. Er lächelte, aber um seine Mundwinkel war ein Zucken, das seine Nervosität verriet.

»Guten Abend, Jonny. Freut mich, dich kennenzulernen.« Sein Händedruck war fest und sympathisch.

Sie aßen schweigend, bis Herr Neubert sich auf seine Gastgeberpflichten besann und Jonny in ein Gespräch über das Willnow-Werk zog. Erst wunderte sich der Junge, daß der Stiefvater so gut unterrichtet war, aber dann erwähnte der die Reportage in der Illustrierten, und Bernd sprang sofort auf, lief ins Nebenzimmer und kam mit dem Heft zurück, um zu vergleichen, ob die Bilder wirklich gut getroffen seien.

»Hm«, lächelte Herr Neubert. »Es sieht aus, als wärest du dort wirklich sehr beliebt. Da hättest du den Urlaub vielleicht lieber dort verbracht?«

»O nein, ich habe mich sehr gefreut, daß Mutti mich eingeladen hat.« Er erschrak, weil er Mutti gesagt hatte, und sah verwirrt auf seinen Teller.

Bernd lachte hell: »Hast du gehört? Jonny sagt auch Mutti zu dir.«

Der Vater sagte hüstelnd: »Er hat es von dir gehört, und nun ist ihm das so herausgerutscht, nicht wahr?« Dabei sah er Jonny so zwingend an, daß der nur nickte, obwohl er doch eigentlich widersprechen wollte.

Die Mahlzeit ging zu Ende, ohne daß noch ein Wort gewechselt worden wäre. Die Mutter wich Jonnys Blick aus, der sie suchte und aus dem die ängstliche Hoffnung sprach, sie würde mit einem klaren Wort entwirren, was jetzt so verworren war. Sie sagte das Wort nicht. Aus ihrem unruhigen Gesicht war zu lesen, daß sie die Forderung fühlte und sich schämte, sie nicht zu erfüllen.

»Zeit zum Schlafengehen«, stellte Herr Neubert mit einer deutlichen Aufforderung in seiner Stimme fest.

»Noch viel zu früh!« wehrte sich Bernd, aber der Vater winkte nur mit dem Daumen, und der Kleine schien diese Bewegung als endgültig zu kennen und anzuerkennen. Er verzog das Gesicht, als wollte er sagen: »Na schön, lassen wir ihm den Willen«, und verabschiedete sich.

»Du hast sicher ein Weilchen in der Küche zu tun, Irene.« Das war keine Frage, sondern eine Feststellung.

Die Mutter räumte das Geschirr auf ein Tablett und ging hinaus. Der Mann ließ die Lampe am Rauchtisch aufleuchten und löschte das große Licht. »Setzen wir uns hierhin, das ist gemütlicher.«

Die niedrigen Sessel waren weich und bequem. Die Mutter brachte Bier und schenkte es in zwei Gläser. Als sie eines davon Jonny zuschob, versuchte sie ein Lächeln, das von Erregung verwischt war.

Herr Neubert zündete sich eine Zigarette an und schob Jonny mit auffordernder Bewegung das Kästchen zu.

»Danke, nein.«

»Nimm nur. Es ist doch bestimmt nicht mehr die erste. Du bist ja so gut

wie erwachsen.« Er bot Jonny Feuer und lächelte dabei. »Bei einem guten Bier und ein bißchen Rauch kann man sich unter Männern am besten unterhalten.«
Jonny fühlte, daß dieses Gespräch unangenehm sein würde. Erwachsene behandeln Jugendliche fast immer, als wären sie noch Kinder. Nur wenn sie um Verständnis für etwas Unliebsames werben wollten, tun sie, als hätten sie Gleichgestellte vor sich.
Herr Neubert lehnte sich in seinen Sessel zurück, stieß Rauchringe in die Luft und sah ihnen zu, bis sie sich auflösten. Endlich raffte er sich auf.
»Ich habe etwas mit dir zu besprechen, Jonny. Für dein Alter siehst du schon sehr erwachsen aus. Ich hoffe, daß du auch die Vernunft eines Erwachsenen hast. Wir könnten dann offen und ohne Umschweife reden.«
Er schien auf eine Antwort zu warten, aber Jonny sah ihm nur aufmerksam ins Gesicht und hob die Augenbrauen ein wenig.
»Als deine Mutter mir sagte, daß sie dich zu uns einladen wollte, hatte ich meine Bedenken. Aber ich habe zugestimmt, um ihr die Bitte nicht abzuschlagen. Du wirst wissen, welche Bedenken das waren.«
»Nein.«
Herr Neubert lächelte überlegen. »Nun, du erregst ja wohl immer ein gewisses Aufsehen. Das wäre mir zwar nicht unbedingt unangenehm, aber in diesem besonderen Falle . . .«
»Ich verstehe Sie nicht, Herr Neubert.«
»Du kannst ruhig du zu mir sagen, denn ich bin ja nun einmal dein Stiefvater. Aber du wirst sicher begreifen, daß ich keinen großen Wert darauf lege, es alle Leute wissen zu lassen.«
»Finden Sie, daß man sich schämen muß, etwas mit mir zu tun zu haben?« Jonnys Stimme klang kühl und beherrscht, aber es kostete ihn Mühe, nicht merken zu lassen, daß er sich beleidigt fühlte. Das angebotene Du vermied er und hoffte, daß sein Gegenüber die Kampfansage verstünde, die darin lag.
»Du verstehst mich falsch«, wehrte Herr Neubert ab. »Ich habe nichts gegen dich. Ich kenne dich ja noch kaum. Es mag sein, daß du ein sehr feiner Kerl bist. Aber das ist eine ganz andere Frage. Du bist doch kein kleines Kind mehr und weißt schon, wie gern sich die Leute die Mäuler zerreißen. Wenn bekannt wird, daß deine Mutter einen Jungen wie dich hat, wird es viel Klatsch geben, verstehst du? Bernds Klassenkameraden

werden ihn damit quälen. Meine Kollegen werden nichts sagen, wenn ich dabei bin, aber desto mehr, wenn ich es nicht hören kann. Und sie werden so ein gewisses Lächeln aufsetzen. Ich kann mir nicht vorstellen, daß dir daran liegen könnte, deine Mutter ins Gerede zu bringen.«
»Mutti hat doch auch einen anderen Jungen und niemand klatscht darüber.«
»Ich bitte dich! Stell dich nicht dümmer als du bist.« Herr Neubert spielte mit seinem Glase. Seine Stimme verriet jetzt Ungeduld. »Immerhin wird dir ja nicht mehr unbekannt sein, daß jeder Mensch nicht nur eine Mutter, sondern auch einen Vater hat. Und dein Vater ist ein Schwarzer, das läßt sich leider nicht verheimlichen.«
Jonnys Antwort kam feindselig und ein wenig spöttisch: »Ich weiß sogar schon, daß man sich seinen Vater nicht selbst aussuchen kann. Wieso kann man mir also etwas vorwerfen?«
»Niemand wirft dir etwas vor. Aber die Leute haben nun einmal ihre Vorurteile. Zu denen gehört, daß eine weiße Frau sich nicht mit einem schwarzen Mann einzulassen hat. Ich denke da etwas freier, sonst hätte ich deine Mutter ja nicht geheiratet. Ich weiß, wie die Verhältnisse kurz nach dem Kriege waren. Sie entschuldigen vielleicht manches. Aber man muß nun einmal auf die Leute Rücksicht nehmen.«
»Ja, auf die Leute. Auf mich nicht.«
»Dafür kann ich nichts.«
»Ich vielleicht?«
»Tja«. Herr Neubert zuckte bedauernd die Schultern. Eine Minute schwiegen beide. Jonny nahm eine neue Zigarette, erschrak ein wenig, als er es bemerkte, zündete sie aber dann doch an. Jede seiner Bewegungen verriet Trotz.
»Und was soll nun werden?«
»Die Sache ist gar nicht so schwierig. Du bist ein Besucher. Daß du auch ein Verwandter bist, braucht niemand zu wissen. Auch Bernd nicht. Am besten wird sein, du redest deine Mutter als Tante Irene an. Oder du sagst einfach Irene, wenn dir Tante zu kindlich vorkommt.«
»Ich habe noch nie gehört, daß jemand seine Mutter beim Vornamen nennt.«
»Es ist aber besser so.« Herr Neubert stand auf um anzudeuten, daß die Frage für ihn gelöst war, ging zur Tür und sagte zur Küche hinüber: »Willst du dich nicht zu uns setzen, Irene? Wir könnten noch ein Weilchen plaudern. Bring doch etwas zu trinken mit.«

Jonny drückte seine Zigarette aus. »Ich möchte lieber schlafen gehen. Ich bin müde.« Ohne Gutenachtgruß ging er aus dem Zimmer, ehe die Mutter noch hereingekommen war.

Bernd schlief. Jonny lächelte, als er sah, daß der Kleine ein Bein unter der Bettdecke hervorstreckte und heftig in die Luft stieß. Er träumte wohl von seinem geliebten Fußballspiel.

Als Jonny dann selbst im Bett lag, lächelte er nicht mehr. Man lächelt nicht, wenn man spürt, daß da eine Bitterkeit ist, die größer und größer wird, bis sie schmerzt. Aber bei jungen Menschen ist die Müdigkeit stärker als alle Bitternis.

Als die Mutter noch einmal ins Zimmer kam, um nach Bernd zu sehen, der in seine Decke eingewickelt war wie eine Zigarre in ihr Deckblatt, schlief Jonny bereits. Er merkte nicht, daß sie lange an seinem Bett stehen blieb, ihm ins Gesicht sah und ihm endlich ganz behutsam, ganz vorsichtig über das krause Haar strich, scheu, fast ängstlich. Er sah nicht ihr Lächeln aus Glück und Traurigkeit und nicht, daß sie weinte.

Am nächsten Tage strolchten Jonny und Bernd durch die Stadt. Sie erstiegen den alten Peter, bewunderten das berühmte Glockenspiel am Rathaus, schlenderten sogar einmal durch das Hofbräuhaus, aßen eine Weißwurst im Donisl. Bernd war stolz darauf, Jonny zeigen zu können, daß ein echter Münchener seine Weißwurst nicht ißt wie ein »Preuß« seine Bockwurst, sondern daß er sie genießerisch und fachmännisch »auszuzzelt«. Vor dem Schaufenster eines Sportgeschäfts verriet Bernd seinen Wunsch, einen richtigen Fußball zu besitzen. Im nächsten Monat habe er Geburtstag, und dann bekäme er wohl einen. In einem großen Kaufhaus rollten sie ein paarmal die Rolltreppen auf und ab.

Jonny fand es wunderbar, einen jüngeren Bruder zu haben und erinnerte sich daran, daß die Kameraden manchmal so taten, als seien Geschwister eine Plage. Vielleicht – nein, bestimmt meinten sie das gar nicht so.

Solange Jonny mit Bernd allein war, fühlte er sich wohl. Doch sobald sie wieder in der Wohnung waren, wurde er verschlossen und einsilbig. Er vermied die Mutter anzureden. Um keinen Preis hätte er Irene zu ihr gesagt.

Der folgende Tag war ein Sonntag. Bernd bettelte, bis der Vater ihm zustimmte, in den Tierpark Hellabrunn zu gehen. Gleich nach dem Mittagessen brachen sie auf. Die Mutter ging zwischen ihrem Mann und Bernd, Jonny neben seinem Bruder.

Plötzlich wurde Herr Neubert unruhig. »Da kommen die Hubers. Wir werden sie begrüßen müssen. Jonny, geh doch bitte weiter und warte dann auf uns.«
Der Junge gehorchte, aber er nagte an seiner Unterlippe. Und kaum zehn Minuten später wiederholte sich das seltsame Spiel. »Es sind heute wohl nur Bekannte auf der Straße«, meinte der Vater knurrend.
Als die Familie ihn zum zweitenmal eingeholt hatte, erklärte Jonny, er fühle sich nicht wohl und möchte lieber umkehren. Nur Bernd widersprach und faßte Jonnys Hand, aber der machte sich frei und nahm die Schlüssel, die Herr Neubert ihm sichtlich erleichtert gab.
Bernd blickte sich noch einmal nach ihm um, als er den Weg zurückging. Jonny hielt die Augen auf die Straße gesenkt und ließ die Schultern hängen. Er ging, als sei er sehr müde.
Beim Abendessen sagte Jonny kein Wort, aber er hörte Bernd zu, der begeistert von Affen und Löwen erzählte.
»Fühlst du dich jetzt besser?« fragte die Mutter mit dem krampfhaften Versuch, sich den Anschein zu geben, sie hätte ihm das Unwohlsein am Nachmittag geglaubt.
»Nein, ich möchte mich gleich hinlegen.«
Er lag wach und konnte nicht einschlafen. Auch heute kam die Mutter noch einmal ins Zimmer, aber Herr Neubert trat ebenfalls in die Tür, und so ging die Frau gleich wieder hinüber.
Jonny wartete. Er verfolgte die leuchtenden Zeiger seiner Uhr. Jetzt hörte er, daß im Wohnzimmer das Licht gelöscht wurde. »Noch eine Stunde«, dachte er. Die Stunde war endlos. Aber endlich wurde es Mitternacht.
Jonny stand auf, kleidete sich an, zog die Vorhänge zurück. Der Mond gab genug Licht. Ängstlich darauf bedacht, kein Geräusch zu verursachen, packte der Junge seinen Koffer. Als Bernd etwas Unverständliches murmelte, erschrak er. Aber der Bruder schlief fest.
So, das war wohl alles. Auf den Zehenspitzen schlich Jonny zur Wohnungstür. Dann stellte er den Koffer ab und ging noch einmal zurück. Neben Bernds Bett blieb er stehen. »Schade«, dachte er, und für einen Augenblick schwankte er in seinem Entschluß. Er legte eine Hand auf die Bettdecke. Den Bruder zu berühren wagte er nicht. Er wußte, daß alles anders käme, wenn Bernd jetzt aufwachte. Er preßte die Lippen zusammen, wandte sich jäh ab und ging.
Daß man vor Schwierigkeiten nicht einfach davonläuft, das wußte er.

Man kann alles ertragen. Aber es gibt Dinge, die man nicht ertragen darf, weil man sich sonst selbst nicht mehr achten könnte.
Der nächste Zug fuhr erst nach fünf Uhr. Jonny saß im Wartesaal und schlief, den Kopf auf den Tisch gelegt. Als er erwachte, mußte er sich beeilen, um noch rechtzeitig durch die Sperre zu kommen. Er fröstelte vor Morgenkühle und Müdigkeit.
Die zwei Stunden Aufenthalt in Augsburg nützte er, um ein Sportgeschäft zu suchen. Er kaufte einen Fußball, ließ ihn in einen Karton verpacken und schickte ihn vom Postamt an Bernd Neubert. Einen Absender vermerkte er nicht. Bernd würde ihn erraten können.
Heimfahren!
Als er jetzt wieder im Zug saß, wußte Jonny, daß er sich vor drei Tagen geirrt hatte. Jetzt erst fuhr er heim. Wo man nicht geachtet wird, kann man nicht zu Hause sein.
Er würde sich künftig nicht an eine Frau erinnern, an ihre Augen, ihre Stimme, ihre Hand, ihr Lächeln. Aber an einen Jungen würde er oft denken, an einen kleinen, frohen, zutraulichen Burschen, der nicht wissen durfte, daß er einen Bruder hatte.
Jonny zog seine Brieftasche und suchte das Foto seiner Mutter. Er zerriß es in immer kleinere Stücke. Dann öffnete er das Fenster, legte die Papierschnitzel auf die flache Hand und ließ sie vom Fahrtwind davonreißen. Sie wirbelten wild durcheinander, und als sie endlich niederfielen, konnte Jonny sie längst nicht mehr sehen. Er bemühte sich auch nicht, zurückzublicken. Er drückte sich müde in die Ecke, und bevor er einschlief, merkte er noch, daß er sich freute. Er fuhr ja heim.

Als er in der kleinen Stadt ankam, plätscherte wieder der Springbrunnen, und Herr Preussner, der Taxifahrer, wartete auf einen Fahrgast. Aber es kam keiner. Wer wollte schon für die paar Schritte, mit denen man von einem zum anderen Ende des Städtchens kommen konnte, Geld ausgeben? Und auch für eine Fahrt in eines der nahen Dörfer interessierte sich jetzt, um die Mittagszeit, niemand. Es gab ja den Omnibusverkehr, und der war billiger.
»He, Jonny!« rief Herr Preussner, und der Junge, sich des Tages seiner ersten Ankunft erinnernd, trat an das Auto heran.
»Was machst du denn hier? Der Urlaub ist doch noch lange nicht zu Ende?«
»Es hat mir in München nicht gefallen. Hier ist es schöner.«

»Da wirst du aber in eurem Heim mächtig allein sein.«
»Das macht nichts.«
»Weißt du was? Besuch uns doch mal. Sagen wir morgen zum Essen, ist's recht?«
»Gern«, nickte Jonny. »Ich werde kommen.« Er griff seinen Koffer und ging davon. Ein greller Pfiff ließ ihn sich umwenden.
»Gartenstraße 21 wohne ich!« rief ihm Herr Preussner nach.
»Weiß ich!« rief Jonny zurück. Erhard hatte ihm doch gezeigt, wo seine Brigitte wohnte. Brigitte – ach ja, das Mädchen mit dem netten Lächeln würde er also treffen. Vielleicht war sie aber auch verreist. Sie hatte ja ebenfalls Urlaub. Doch diese Frage beschäftigte Jonny nicht sehr. Mit jedem Schritt, den er durch die ihm nun schon so vertrauten Straßen tat, fühlte er sich wohler. Junge Leute begegneten ihm und grüßten freundlich. Hier war er ja jemand und durchaus nicht unerwünscht.
Auf einmal fiel ihm ein, daß es vielleicht doch voreilig gewesen war, einfach zurückzukommen. Wenn nun das Lehrlingsheim geschlossen wäre, stünde er auf der Straße und konnte zusehen, wo sich ein Unterschlupf fände. Und essen mußte er ja schließlich auch ab und zu. Aber er war nicht in der Stimmung, sich Sorgen zu machen. Er war wieder zu Hause, und alles andere würde sich finden.
Als er am Heim ankam, sah er, daß es nicht so ausgestorben war, wie er vermutet hatte. In einem Fenster im ersten Stock saß Sammy, den Rükken gegen die eine, die Füße gegen die andere Mauer gestemmt, ein Buch auf den Knien. Selbstverständlich ein Buch auf den Knien. Anders sah man ihn ja kaum, wenn er weder an der Werkbank stand, noch am Eßtisch saß.
Jonny blieb unter dem Fenster stehen und sah zu Sammy hinauf, aber der hatte nur Augen für sein Buch, bis Jonny zwei Finger in den Mund steckte und gellend pfiff. Sammy blickte zerstreut nach dem Lärm und runzelte unwillig die Stirn. Aber dann sah er Jonny, klappte das Buch energisch zu und sagte, ohne sonderliches Überraschtsein zu verraten:
»Hier drinnen ist es schattiger, weißt du. Ich würde nicht auf der Straße stehen bleiben.« Dann kletterte er von der Fensterbank, ging Jonny entgegen und schüttelte ihm auf der Treppe die Hand.
»Na, Urlaub beendet?«
»Im Gegenteil, jetzt soll der Urlaub erst anfangen. Aber ich habe gedacht, unseren ganzen Palast für mich allein zu haben. Wieso bist du denn hier? Fährst du denn nicht zu deinen Eltern?«

»Ich habe keine Eltern mehr.«
Jonny sah dem anderen ins Gesicht, aber das Lächeln war nicht daraus verschwunden. »Keine Eltern?« Und nach einer Pause sagte Jonny, während er sich zugleich bückte, um seinen Koffer aufzunehmen: »Dann hast du es gut.«
Sammy, der hinter ihm die letzten Stufen hinaufging, lächelte nicht mehr. Er hörte die Bitterkeit in Jonnys Worten und ahnte, warum der Kamerad so schnell zurückgekommen war.
Am Nachmittag ging Jonny ins Büro hinüber, um sich zurückzumelden, und lief sofort Herrn Willnow in die Arme.
»Nanu, Jonny, schon zurück?«
»Ausgerissen!«
»Ausgerissen?«
»Es ging nicht anders, Herr Willnow.«
»Warum nicht?«
»Wenn es nach denen in München gegangen wäre, hätte ich den ganzen Tag über sagen müssen: entschuldigt bitte, daß ich geboren bin!«
»So – aber deine Eltern wissen doch, wo du bist?«
»Sie werden es sich denken können.«
»Nein, Jonny, so geht das nicht. Du mußt ihnen gleich schreiben.«
»Lieber nicht. Wenn ich jetzt an meine . . . wenn ich jetzt nach München schreibe, dann wird das ein böser Brief.«
»Aber deine Eltern werden sich Sorgen machen.«
»Das glaube ich nun wieder nicht, Herr Willnow.«
»Wie du meinst. Im Heim wirst du ja Gesellschaft haben. Seht zu, daß ihr euren Urlaub genießt.«
Während der Junge wieder über den Hof ging, diktierte der Direktor seiner Sekretärin einen Brief an Frau Neubert in München.

Ein Haus, das man stets angefüllt mit lautem, wirbelnden Leben gekannt hat, verliert alle Vertrautheit, wenn keine Schritte über die Treppen jagen, keine Türen geschlagen werden, kein Lachen aus den Zimmern dringt. Es wirkt öde, ausgestorben, bedrückend. Vielleicht hatte Sammy das nicht so gemerkt. Er hatte ja seine Bücher und belebte auch das stillste Haus mit deren Gestalten. Aber in Jonny rief die ungewohnte Ruhe die Unruhe wach, und am Abend schlug er vor: »Wir könnten doch eigentlich beide im gleichen Zimmer schlafen. Man ist dann nicht so allein, finde ich.«

Sammy sah ihn prüfend an und fragte: »Hast du etwa noch Angst, wenn du allein schlafen sollst?«
»Unsinn. Ich bin nur nicht daran gewöhnt. Ich glaube, ich habe noch keine einzige Nacht allein in einem Zimmer geschlafen. Erst im Kinderheim, jetzt hier. Sogar in München war ein Junge. Mein Bruder, weißt du. Ich wußte gar nicht, daß ich einen Bruder habe, und er weiß es bis heute noch nicht!«
Sammy zog in das Bett des kleinen Peter.
Am Abend fragte Jonny in das Dunkel: »Du hast keine Eltern mehr, sagst du?«
Erst schien es, als schliefe Sammy schon oder als wolle er nicht antworten, aber dann sagte er: »Man hat sie umgebracht, als ich kaum laufen konnte.«
»Umgebracht? Warum denn?«
»Weißt du, wie ich heiße?«
Jonny überlegte.
»Nein, eigentlich nicht. Alle nennen dich Sammy, aber wie du wirklich heißt, habe ich wohl nie gehört.«
»Samuel heiße ich. Samuel Silberberg.«
Jonny wartete ein Weilchen, ob der andere weiterreden würde, doch da der schwieg, als habe er alles gesagt, fragte er noch einmal: »Und warum sind deine Eltern umgebracht worden?«
»Weil mein Vater auch Samuel Silberberg hieß. Wir sind Juden, verstehst du?«
»Nein, das verstehe ich nicht.«
»Man kann das auch nicht verstehen. Das muß man einfach so hinnehmen. Man hat herausgefunden, daß Menschen nicht einfach Menschen sind. Es gibt Rassen, sagt man. Wie bei den Hunden. Da gibt es ja auch Dackel und Terrier, Pudel und Doggen. Aber ein Dackel macht sich nichts daraus, daß es auch Pudel gibt. Bei den Menschen ist das anders. Da haben sie eines bösen Tages gesagt, die eine Art von Menschen sei gut und edel und was weiß ich nicht alles, und die anderen seien eben schlecht und schädlich wie Ungeziefer. Und dann sind sie darangegangen, das Ungeziefer auszurotten. Ein paar Millionen Menschen haben sie umgebracht wie ein Kammerjäger die Wanzen. Und wahrscheinlich haben sie davon nicht einmal schlecht geträumt. Es waren doch bloß Juden, verstehst du?«
Jonny antwortete nicht. Er hatte nachzudenken. Erst viel später fragte

er leise, als spräche er zu sich selbst: »Sind wir denn eigentlich schlechter als die anderen?«
»Fühlst du dich schlechter?«
»Eigentlich nicht.«
»Na also.«
»Gar nicht: na also. Es kommt doch nicht darauf an, was wir selbst fühlen und meinen. Was die anderen denken, ist viel wichtiger.«
»Nein. Ich habe darüber nachgedacht. Man kann alles ertragen. Die Überheblichkeit und das Mitleid anderer. Notfalls wohl auch die Verfolgung. Man hält das alles aus, wenn man vor sich selbst sicher bleibt, daß man im Recht ist. Daß man eben nicht schlechter ist als die anderen.«
»Ich kann mich ja eigentlich gar nicht beschweren«, meinte Jonny. »Hier geht es mir gut und niemand hat etwas gegen mich. Im Gegenteil. Ich werde beinahe verwöhnt.«
»Ja, ich weiß. Alle lieben Jonny. So stand es ja auch in der Illustrierten. Aber heute habe ich Balladen von Schiller gelesen. Da stehen ein paar Zeilen über dich.«
»Über mich? Ist ja wohl nicht gut möglich.«
»Doch, doch, da steht:

> Noch keinen sah ich fröhlich enden,
> auf den mit immer vollen Händen
> die Götter ihre Gaben streun.«

»Versteh ich nicht.«
»Dann hoff, daß du es nicht eines Tages verstehen lernst.«
Es war zu hören, daß Sammy sich entschlossen auf die Seite drehte, um endlich einzuschlafen.
Jonny tat es ihm nach.

Der neue Vormittag, in den er weit hineinschlief, brachte ihm ganz andere Probleme. Genau genommen war doch eine Einladung zum Mittagessen so etwas wie ein gesellschaftliches Ereignis. Dafür gab es Regeln. Schade, daß Jonny sie nicht kannte. Es ist überhaupt eine merkwürdige Sache, daß man so vieles nicht weiß, was man gerade gebrauchen kann. Dafür weiß man tausend Dinge, die zu wissen ohne allen Nutzen ist.
»Du, Sammy, du liest doch so viel, da mußt du doch Bescheid wissen. Wie ist das, wenn man zum Mittagessen eingeladen wird?«

»Man frühstückt nicht, damit man genügend Appetit mitbringt.«
»Steht das in deinen Büchern?«
»Nein. Da steht, daß man einen Smoking anzieht und der Hausfrau eine Handvoll Blumen mitbringt.«
»Smoking habe ich nicht.«
»Und Blumen brauchst du nicht.«
Sehr aufschlußreich war das alles nicht. Jonny dachte allein weiter nach und zog schließlich, als es allmählich Mittagszeit wurde, seine kunterbunte Schlagersängerkluft an. Er fand sie auf jeden Fall passend. Doch als er dann recht langsam, weil es noch etwas früh war, über den Marktplatz ging, sah er das Blumengeschäft und dachte, daß es nicht schaden könne, doch etwas mitzubringen. Er war ja schließlich reich genug, und Preussners sollten ruhig sehen, daß er sich zu benehmen wußte.
Die scheppernde Dreiklangglocke rief das alte Fräulein Nesselmann in den Laden.
»Bitte sehr, junger Mann, was darf es denn sein?«
»Ich hätte gern ein paar Blumen«, sagte Jonny entschlossen.
»Ach?« wunderte sich das Fräulein, als hätte sie erwartet, der Junge wolle Kohlen bei ihr kaufen.
»Na ja, ich weiß nicht, was man da nimmt.«
»Für wen sollen die Blumen denn sein?«
Jonny fand die Frage ein wenig neugierig, aber er gab doch bereitwillig Auskunft: »Ich bin zum Essen eingeladen, und da bringt man doch wohl so ein Büschel Gemüse mit.«
Er fand es selbst nicht ganz in Ordnung, von einem Büschel Gemüse zu sprechen, wenn er über all die duftenden Blüten blickte. Aber es war seltsam: sobald er gekleidet war, wie es sich für den jungen Mann von heute zu gehören scheint, kamen die poltrigen Ausdrücke wie von selbst.
Fräulein Nesselmann überhörte das Gemüse und lächelte erfreut. »Es ist heute leider sehr selten, daß die jungen Leute sich an die guten alten Sitten erinnern.«
»Tue ich immer«, sagte Jonny ernsthaft, aber er glaubte nicht recht daran. Alte gute Sitten, das klang so nach Staub. Wie sollte man sich darin auskennen, wenn man den Staub nicht ausstehen konnte?
»Dann nehmen wir vielleicht Nelken?« schlug die Herrin der tausend Blüten vor.
»Schön, packen Sie ein halbes Dutzend davon ein.«
Ein Lächeln, als hätte ein sehr kleines Kind etwas sehr Dummes gesagt!

»Ein halbes Dutzend, das sind sechs Stück, nicht wahr?«
»Ach?«
»Man schenkt immer eine ungerade Zahl.«
»Dann geben Sie fünf«, entschied Jonny, der inzwischen das Preisschild an den Nelken entdeckt hatte.
Die Händlerin band fünf ausgesuchte Blüten zu einem kunstvollen Strauß, hüllte ihn in Seidenpapier und überreichte ihn mit einem Lächeln, dessen Geschäftstüchtigkeit eine Spur von Wohlwollen beigemengt war. »Wie man die Blumen richtig übergibt, das wissen Sie ja, nicht wahr?«
»Selbstverständlich«, bestätigte Jonny und zahlte mit dem Gesicht eines Mannes, der täglich Blumen kauft, um sie bei festlichen Gesellschaften zu überreichen.
Als er die Ladentür hinter sich schloß, war die Meinung von Fräulein Nesselmann über die Jugend von heute um eine Kleinigkeit gebessert, und Jonny sah sich vor einem neuen Problem.
Es schien, als gäbe es auch noch gewisse Regeln, die Blumen der Hausfrau in die Hand zu drücken. Zu dumm, daß er die Blumenhändlerin nicht einfach danach gefragt hatte. Sie wäre bestimmt ganz glücklich gewesen, ihn in dem unterweisen zu dürfen, was sie die guten alten Sitten nannte. Aber wer gibt schon gern zu, etwas nicht zu wissen? Doch jetzt etwas falsch machen? Nein, das ging auch nicht. Es mußte Rat gefunden werden, und das war vielleicht nicht allzu schwierig. In Büchern war ja alles zu finden, und die Buchhandlung hatte Jonny genau vor der Nase.
Nur ein junges Mädchen war im Laden. Eigentlich wollte sie gerade zur Mittagszeit schließen, aber das sechzehnjährige Mädchen war gar nicht böse, daß noch ein Kunde kam, oder besser, daß dieser Kunde kam.
Ausgerechnet ein Mädchen! Da konnte Jonny doch nicht einfach fragen: »Haben Sie vielleicht ein Buch, in dem steht, wie man Blumen genau nach den guten alten Sitten überreicht?«
»Was soll es denn sein?«
»Ich weiß noch nicht. Darf ich ein Weilchen gucken?«
»Selbstverständlich.« Die Augen des Mädchens strahlten Jonny an. Gewiß hätte sie nichts dagegen gehabt, wenn Jonny während der ganzen Mittagszeit geguckt hätte.
Jonny überflog die Titel auf den Buchrücken. Toll, was es da alles gab. Bestimmt tausend Bücher. Vielleicht noch mehr. Und anscheinend

nicht eines darunter, das Jonny gelesen hatte, und auch keines, dessen Titel hoffen ließ, die Antwort auf Jonnys Frage könnte darin enthalten sein.
»Viele Bücher haben Sie hier«, stellte der Junge fest; und das Mädchen erwiderte: »Wir handeln ja auch damit.« Dabei errötete sie, als hätte sie ein Geheimnis verraten.
»Haben Sie die alle gelesen?«
»O nein, nur einen kleinen Teil davon.«
»Vom Lesen wird man sicher sehr klug. In Büchern steht doch alles, was man wissen möchte.«
»Alles wohl nicht.«
»Versuchen wir es doch einmal«, schlug Jonny vor. »Was tun Sie, wenn ich wissen möchte, wie die Hauptstadt von Peru heißt?«
Die Verkäuferin lachte: »Dann tue ich gar nichts. Sie heißt Lima. Danach braucht man doch nicht erst zu suchen.«
»Stimmt. Aber es gibt ja auch kompliziertere Dinge. Wenn man zum Beispiel ganz dringend wissen muß, wie spät es gerade in Tokio ist?«
»Kein Kunststück.« Das Mädchen griff nach einem Buch, blätterte ein Weilchen und nannte Jonny die Uhrzeit, auf die er nicht hörte, weil sie ihn überhaupt nicht interessierte.
»Oder wenn ich gern wissen möchte, ich meine, wenn jemand nicht wüßte, wie man Blumen richtig überreicht.« Er bemühte sich, den Strauß hinter seinem Rücken zu verbergen so gut es ging.
»Auch nicht schwierig.«
Wieder hatte das Mädchen ein Buch in der Hand, suchte und hielt es Jonny vor die Nase.
Aha, Papier entfernen und dem öffnenden Dienstmädchen in die Hand drücken. Erleichtert wollte Jonny gehen, aber dann fiel ihm ein, daß er das wohl nicht so einfach tun konnte, nachdem er die Verkäuferin so lange aufgehalten hatte.
»Und nun geben Sie mir bitte ein Buch«, verlangte er.
»Haben Sie einen besonderen Wunsch?«
»Eigentlich nicht.«
»Soll es für Sie selbst sein?«
»Nein, das nicht«, und Jonny wunderte sich, wie jemand auf den Gedanken kommen könnte, er wolle ein Buch für sich selbst kaufen.
»Für einen Freund?«
»Nein, für eine junge Dame.« Die Stimme klang dabei nicht ganz so fest

wie sie sollte, und Jonny freute sich, daß es nicht leicht war, ihm ein Erröten anzumerken.

»Wie alt ist sie denn?«

»Ungefähr wie Sie, denke ich.«

Das Mädchen war ein wenig enttäuscht, aber sie legte ein paar Bände auf den Tisch. Jonny wählte den kleinsten, ohne auch nur den Titel zu lesen, zahlte und ging. Das Mädchen schloß hinter ihm die Tür und sah ihm nach. Sie war auf ein junges Mädchen neidisch, das sie nicht einmal kannte. Nicht wegen des Buches und nicht wegen der Blumen. Einfach so.

Auf dem Wege kamen Jonny Bedenken, ob die Auskunft, die er dem Buche entnommen hatte, wohl gerade in seinem Fall zuträfe. Dienstmädchen? Na ja, aber wie überreicht man Blumen an Hausfrauen, die ihre eigenen Dienstmädchen sind? »Bücher sind eben doch Quatsch«, brummte Jonny und hatte keine Gelegenheit mehr, sich den Kopf zu zerbrechen, denn da war schon das Haus, in dem die Preussners wohnten.

»Guten Tag, Jonny«, sagte eine rundliche Frau, die eine Wickelschürze trug. »Fein, daß du gekommen bist. Aber, sag mal, kannst du mir nicht schnell noch die Klammern reichen? Ich möchte das bißchen Wäsche noch auf die Leine kriegen, bevor wir essen.«

»Gern.« Jonny legte Blumenstrauß und Buch auf die unbewohnte Hundehütte und reichte Frau Preussner die Klammern. Ein winziges Mädchen sah ihm dabei erstaunt zu und steckte nachdenklich drei Finger auf einmal in den Mund.

»So«, sagte Frau Preussner an einem flatternden Bettlaken vorbei. »Nun komm man rein, du wirst doch Hunger haben.«

In der Wohnstube war der Tisch bereits gedeckt, und als Herr Preussner seinem Gast die Hand schüttelte, brachte Brigitte das Essen.

»Du kommst gerade richtig, Jonny, sagte sie. »Die Kartoffeln sind gar.«

Zwei Minuten später aß Jonny, und beim zweiten Bissen erinnerte er sich an die Nelken und das Buch. Was nun? Hinausgehen und holen? Nein, das würde komisch wirken. Außerdem war weit und breit kein Dienstmädchen zu sehen. Wohin also mit dem Papier? Ach was, mochten die Blumen auf der Hundehütte Wurzeln schlagen oder verwelken.

Die Vierjährige, die neben Jonny saß, mußte immer wieder zum Essen ermuntert werden, weil sie so sehr damit beschäftigt war, ihren Nach-

barn zu mustern. In ihren staunenden Augen stand irgendeine Frage. Kaum hatte sie ihren Teller geleert, rutschte sie dem Gast auf den Schoß, zog die Nase kraus, weil sie so schwer nachzudenken hatte, und plötzlich fühlte Jonny zwei Ärmchen um seinen Hals, und die Kleine küßte ihn genau auf die Nase. Vielleicht hatte sie nicht gerade auf die Nase gezielt, aber Jonny hatte überrascht den Kopf gewendet.
Das Mädchen drehte sich zu seiner Mutter um und sagte erstaunt: »Der schmeckt gar nicht so, der sieht nur so aus.«
Das Gelächter der Großen schüchterte sie ein. Sie rutschte von Jonnys Schoß, rannte zu ihrer Mutter und drückte sich an sie.
»Schade«, sagte Herr Preussner und stand auf. »Ausgerechnet heute habe ich eine große Fuhre. Ich wäre gern geblieben, aber du wirst uns ja öfters besuchen, nicht wahr?«
»Und Mutti wäscht. Wir werden uns allein beschäftigen müssen«, warf Brigitte ein. Ihre Stimme verriet kein Bedauern.
Jonny aber fand, daß es aufregend sein kann, eingeladen zu sein. Allein mit Brigitte? Vielleicht würde die kleine Schwester dabeibleiben. Sie war ja noch in dem Alter, in dem Mädchen fünfzehnjährige Jungen nicht verwirren. Aber dafür war sie auch noch in dem Alter, in dem man sich nach dem Essen für ein Stündchen oder zwei aufs Ohr legt. Und das tat sie auch.
Wenn die Jungen im Heim über die Mädchen sprachen, und das taten sie oft, dann war alles ganz einfach. Ein paarmal hörte man den älteren Lehrlingen zu, die mit Erlebnissen prahlten, die sie nie gehabt hatten, dann hatte man das System begriffen. Man lächelte wie sie vielsagend und schweigend, man deutete an und warf auch einmal ein Wort in die Unterhaltung, daß die anderen aufhorchten und dachten: »Sieh an, der Jonny ist ein Kerl!« und ein wenig neidisch waren, obwohl sie doch wußten, daß er genauso schwindelte wie die anderen.
Das einzige wirkliche Erlebnis mit einem Mädchen, damals beim Betriebsfest im Mai, hatte Jonny verschwiegen. Es war ihm, als müsse er sich dieses Erlebnisses schämen. Hätte er es genau so geschildert, wie es sich zugetragen hatte, so hätten die Kameraden gelacht und ihn einen Dummkopf oder einen Feigling genannt. Und hätte er es übertrieben – nein, das wollte er nicht. So weit mochte er in solchen Gesprächen nicht gehen. Was Erhard manchmal vor dem Einschlafen erzählte, schien ihm schmutzig und gemein.
Aber man spricht ja nicht nur von den Mädchen, man denkt auch oft an

sie, wenn man fünfzehn ist und schon die Unruhe im Blut hat, die so viele Fragen wachruft und so viele Wünsche. Man träumt sogar manchmal von ihnen. Und das alles ist so verwirrend: die Fragen, die Wünsche, die Träume. Es ist gar nicht so leicht, damit fertigzuwerden, wenn man fünfzehn ist. Und es gibt ja niemanden, mit dem man über all das sprechen könnte. Richtig, ernsthaft sprechen. Nicht so wie mit den Kameraden, die hinter ihren großspurigen Reden doch nur ihre eigene Unsicherheit verbergen.

Es hatte Jonny in den letzten Wochen gewiß nicht an Gelegenheit gefehlt, sich mit Mädchen zu unterhalten, mit ihnen zu tanzen. Als Schlagersänger war er nun einmal häufig in Tanzsälen. Aber dann waren immer viele andere dabei.

Nun plötzlich mit einem Mädchen allein – das war ganz anders. Einen Augenblick dachte Jonny daran, sich einfach zu verabschieden, aber das mochte er auch nicht; denn eigentlich war es doch recht schön, einen Nachmittag mit Brigitte beisammen zu sein.

»Du bist nicht sehr unterhaltend«, stellte Brigitte fest, und nun wußte Jonny erst recht nicht, was er sagen sollte.

»Wollen wir bei dem schönen Wetter in der Stube hocken bleiben oder lieber ein bißchen hinausfahren?«

»Fahren? Womit denn?«

»Mit Fahrrädern.«

»Ich habe keines.«

»Du könntest das von meinem Vater nehmen.«

Sie fuhren. Die Sonne versilberte den Staub der Landstraße und ließ die heiße Luft über dem Teer flimmern. Die zwei jungen Menschen hatten kein Ziel vereinbart. Jonny war es auch gleichgültig, wohin die Fahrt ging. Außer ein paar Tanzsälen hatte er noch nichts von der Umgebung der Stadt gesehen. Endlich bog Brigitte in einen Waldweg ein, der steil bergauf führte. Nach hundert Metern mußten sie absteigen und ihre Räder schieben.

»Wohin führst du mich denn?« erkundigte sich Jonny und wischte mit dem Handrücken über die Stirn.

»Auf einen Turm.«

Da sah man auch schon eine alte Burg auf der Höhe. Ein paar Sonnenschirme über weißen Gartentischen tupften Farbflecke in das Graubraun des alten Gemäuers.

»Wollen wir etwas trinken?«

»Erst besteigen wir den Turm.«
Kühle und Dämmerlicht taten wohl nach der Hitze und dem Sonnenglanz des frühen Nachmittags. Eine enge Wendeltreppe führte im Turminnern aufwärts. Schießscharten in den dicken Wänden ließen spärliches Licht einfließen. Doch endlich fiel Helle von oben ein. Eine letzte Wendung der Treppenschraube, und eine Plattform öffnete sich, von einer brusthohen Mauer schützend umgeben.
Hier oben, über den Wipfeln der Bäume, spürte man den leichten Wind, der die heißen Gesichter kühlte und Brigitte ein paar weiche Härchen in die Stirn wehte.
»Dort liegt unsere Stadt«, sagte das Mädchen zeigend. »Fast zwölf Kilometer sind wir gefahren, aber von hier oben sieht es gar nicht so weit aus.«
»Wie klein die Willnow-Werke sind. Wenn man in der Lehrwerkstatt steht, kommen sie einem riesig vor.«
»Sogar von unserem Haus kann man ein Stückchen sehen.«
»Wo?«
Brigitte versuchte es zu beschreiben, aber es gelang nicht. Jonny kannte die Stadt wohl doch noch nicht genug. Das Mädchen trat hinter ihn und wies mit ihrer Hand über seine Schulter. »Dort, siehst du nicht?« Ihr Mund war ganz dicht neben seinem Ohr, und ihr Haar streifte sein Gesicht.
»Ich sehe nichts.«
Sie faßte seine Hand und richtete sie auf das Stückchen Giebel, das er finden sollte.
»Ja, du hast recht. Jetzt sehe ich es auch«, bestätigte Jonny. Er log. Nichts hatte er entdeckt, aber die Nähe Brigittes bedrängte ihn, und daß sie seine Hand hielt . . . Es war ja nichts dabei, aber es ist ganz wunderlich, so weiche Mädchenfinger zu fühlen und warmen Atem an der Wange zu spüren.
»Von dort drüben muß der Blick auch sehr schön sein«, sagte Jonny und ging ein paar Schritte weiter, um dem Mädchen nicht zu nahe zu sein.
Nebeneinander lehnten sie sich über die Mauer und blickten hinunter.
»Jetzt könnte man genau auf einen Sonnenschirm springen.«
»Ja, und dann würde der Schirm zerreißen, und man würde sich den Hals brechen.«
»Vielleicht. Man müßte das erst versuchen.«

Brigitte blitzte ihn an. »Jungens wollen sich immer interessant machen, und dann reden sie dummes Zeug.«
Im Wunsche, sich gegen diesen Vorwurf zu verteidigen, redete Jonny sich in Eifer. »Warum soll das dummes Zeug sein? Man könnte es wirklich einmal versuchen. Es gibt doch nur zwei Möglichkeiten. Entweder ist ein solcher Sonnenschirm fest und straff genug. Dann würde man wie von einem Sprungbrett in die Höhe geschnellt, noch einmal fallen, aber nun wohl schon ohne die winzige Angst, die auch dabei sein wird, wieder ein kleineres Stück in die Luft geworfen werden und sich plötzlich auf der Erde wiederfinden. Und dann hätte man doch wenigstens einmal das Gefühl, daß im Leben etwas gutgehen kann, obwohl man es gar nicht erwartet. Das wäre schon ein Gewinn.«
Brigitte sah ihn nicht an. Sie blickte auf einen roten Sonnenschirm dort drunten. »Und wenn der Schirm dich nicht auffinge?«
»Was wäre dabei? Ich würde nichts davon merken. Ich läge einfach da unten.«
»Aber du würdest nicht mehr leben.«
»Verlöre ich etwas dabei? Ein paar Leute würden erleichtert aufatmen, das weiß ich. Den meisten wäre es gleichgültig, glaube ich.«
»Und manche wären traurig.«
»Das weiß ich nicht.«
»Gehen wir hinunter«, sagte Brigitte. Sie zog die Schultern hoch, als wäre ihr kalt, und sie waren doch von sommerlicher Sonne eingehüllt. Auch als sie an den Fahrrädern standen und eine Flasche Coca-Cola tranken, bevor sie weiterfuhren, war sie still, als hätte ein unrechtes Wort sie verstimmt.
Aber der Fahrtwind beim steilen Bergab verwehte die Gedanken, die weder zur Klarheit des Sonnentages, noch zur Jugend derer paßten, die sie dachten.
Schlängelnder Wiesenpfad, wieder Wald, ein Fluß zwischen Hügeln. Sie lehnten die Räder gegen eine hohe Buche.
»Ich werde ein Viertelstündchen schlafen«, meinte Brigitte, streckte sich auf dem Boden aus, blinzelte noch ein paarmal zu Jonny hinüber, der sich mit der Luftpumpe zu schaffen machte, und schloß dann die Augen.
Die Sonne glitzerte auf dem Fluß, und das sich kräuselnde Wasser blinkte, als sprängen unaufhörlich silberne Fischleiber daraus hervor, um lautlos wieder einzutauchen. Ein Boot glitt vorüber. Ein junger Mann

und ein Mädchen ließen die Paddel ruhen. Die gelinde Strömung trug sie flußab. Eine Hand des Mädchens hing im Wasser und teilte es zu einer winzigen Bugwelle.
Jenseits des Flusses stieg das Land allmählich an. Am Horizont zeichneten sanft geschwungene Hügellinien Wanderziele in das Himmelsblau und ließen neue Ziele ahnen vor neuen Horizonten.
Es war so still, als gäbe es gar kein Geräusch mehr, doch das war nur eine Täuschung der lärmgewöhnten Ohren. Denn daß die Stille so tief, so unberührt schien, kam nur daher, daß sie nicht vollkommen war. Sie war belebt von unzähligen Geräuschen: einem leisen Plätschern vom Fluß, dem Hauch im Laub der hohen Bäume, dem Gesumm eines wie trunken fliegenden Käfers, einem geheimnisvollen Rascheln irgendwo. Das Leben minderte und bereicherte die Stille. Es gab ihr die Schönheit. Denn wo Leben ist, fehlt die Schönheit nie.
Jonny saß, die Arme um die angezogenen Knie geschlungen, und ließ einen Grashalm zwischen den Zähnen wippen. Er schaute auf den Fluß und die fernen Hügel, angestrengt, als müsse er etwas Verborgenes entdecken.
Und er blickte doch nur in die Ferne, weil er nicht wagte, Brigitte anzusehen. Sein Blick könnte ihren Schlaf stören, meinte er. Am liebsten hätte er den Atem angehalten.
Aber endlich wandte er sich doch zu ihr. Sie hatte die Hände unter dem Kopf gefaltet. Ihr Atem war ruhig und tief, der Mund ein wenig geöffnet wie zu einem Lächeln. In ihrem Gesicht war ein Spiel von Sonnenlicht und Blätterschatten, aber auf ihrem blonden Haar war nur Sonne, und auf dem Untergrund von Moos und Gras schien es selbst zu leuchten.
Als der Junge die Schlafende lange betrachtet hatte, wußte er, daß sie ein schönes Mädchen war. Vorher war es ihm nicht aufgefallen. Er hatte sie nur frisch, nett, lustig gefunden. Ihr ganzes Wesen hatte ihm gefallen. Aber jetzt sah er sie zum erstenmal genau an und dabei empfand er eine merkwürdige Unruhe. Es gefiel ihm, sie zu betrachten, aber zugleich war ihm, als täte er Verbotenes.
Plötzlich schlug Brigitte die Augen auf. »Nun, hast du mich lange genug angeschaut?« fragte sie, und in ihren Augenwinkeln saß ein Lachen.
Jonny wandte schnell das Gesicht ab und wußte keine Antwort. »Wollen wir ein Weilchen an den Fluß gehen?« fragte er und ging schon voran. Die wenigen Schritte bis zum Wasser gaben ihm nicht genug Zeit, seiner Verlegenheit Herr zu werden. Er bückte sich, klaubte ein paar Steine

auf und warf nach einem Stück Holz, das vorübertrieb. Aber er traf es nicht.

»Kannst du bis ans andere Ufer werfen?«

»Ich weiß nicht, aber ich will es versuchen.« Es gelang nicht.

»Es ist weiter als man denkt.«

»Manches ist anders als man denkt.«

»Zum Beispiel?«

»Zum Beispiel denkt ein Junge manchmal, daß ein Mädchen schläft.«

»Aber sie tut's gar nicht und macht sich dann noch über ihn lustig.«

»Nein.«

»Doch.«

»Gar nicht!«

Der Gesprächsstoff schien erschöpft. Sie standen nebeneinander und entdeckten, daß sie sich im Wasser spiegelten. Es war, als wolle das Bild zerfließen, aber es blieb doch.

»Ich muß nach Hause«, sagte Brigitte und ging zu den Fahrrädern.

»Schon?«

»Es ist halb sieben. Um sieben essen wir. Ich werde schon zu spät kommen.«

»Ich komme auch zu spät, aber mir macht das nichts aus. Ich habe doch keinen Appetit.«

»Nanu? Bist du krank?«

»Nein, nicht krank, nur . . .«

»Nur . . . was?«

»Das kann ich dir nicht sagen.«

»Warum nicht?«

»Weil . . . ach, frag nicht soviel.«

Auf dem schmalen Pfad zur Straße fuhr Brigitte vor Jonny. Sie hatte es eilig. Jonny achtete kaum auf den Weg. Er sah nur das Mädchen, dessen Rock vor ihm herflatterte wie ein übermütig gewedelter Terrierschwanz.

Als sie die Straße erreicht hatten, rollten sie nebeneinander. »Gib mir deine Hand«, sagte Brigitte, »dann kannst du mich ziehen.« Aber Jonny konnte nicht bemerken, daß er nun kräftiger treten mußte. Sie fuhr das gleiche Tempo wie er.

»Hoffentlich sieht uns kein Polizist.«

»Meinst du, daß ein Junge eingesperrt wird, weil er ein Mädchen bei der Hand hält?«

»Nein, aber es kostet drei Mark wegen der Straßenverkehrsordnung.«
»Dann laß doch los, wenn es dir um die drei Mark leid ist.«
Aber Jonny ließ ihre Hand nicht los, und auch Brigitte schien eine gebührenpflichtige Verwarnung nicht zu fürchten.
Je näher sie der Stadt kamen, desto langsamer fuhren sie. Aber dann waren sie doch angelangt und stellten die Räder in den Schuppen.
Frau Preussner blickte aus dem Fenster: »Na endlich! Komm gleich herein, Brigitte. Das Essen wartet. Bring Jonny mit.«
»Nein, danke, Frau Preussner«, erwiderte Jonny. »Im Heim wartet das Essen wahrscheinlich auch schon auf mich.« Er ärgerte sich, sobald er es gesagt hatte und hoffte, Brigittes Mutter würde die Einladung wiederholen. Aber sie sagte:
»Auch gut. Dann vielleicht ein andermal.«
Brigitte streckte ihm die Hand hin. »Also dann, auf Wiedersehen, Jonny.«
»Wann denn?«
»Ein andermal wieder.«
»Genauer weißt du es nicht?«
»Doch. Morgen um halb drei.«
»Abgemacht!«
Er wandte sich um und ging. Als er schon die Straße erreicht hatte, rief das Mädchen »Jonny!« und winkte ihm.
»Ja?«
»Danke schön für den Nachmittag!« Und sie verschwand im Hause.
Der Junge merkte plötzlich, daß er nun doch hungrig war, und er machte lange Schritte, um recht bald zu den Broten zu kommen, die sicher für ihn bereitgestellt sein würden. Er begann sogar zu laufen, und ab und zu sprang er mit ausgestreckten Händen nach dem Blattwerk, das Bäume aus den Vorgärten auf die Straße hinausstreckten. Ein paar Frauen, die aus den Fenstern schauten, schüttelten den Kopf oder lächelten über den Jungen, der wie ein junger Mann aussah und sich wie ein Kind gebärdete.
Aber mochten sie doch die Köpfe schütteln! Was wußten sie schon von der unbändigen Freude in Jonny, für die er selbst noch keinen rechten Grund wußte. Vielleicht hatten alle diese Frauen in den Fenstern die gleiche Freude auch einmal in sich gespürt. Aber sie erinnerten sich wohl kaum noch daran.

Sammy wunderte sich über die sprudelnde Laune, die Jonny vom Mittagessen, das sich so lange ausgedehnt hatte, heimbrachte. Er hatte allen Grund dazu, denn der dunkelhäutige Freund fand kaum Zeit, ab und zu einen Bissen von seinem Brot zu nehmen, weil er dauernd etwas zu erzählen hatte. Die unsinnigsten Betrachtungen über Maßkrüge, Weißwürste, Sonnenschirme und hundert andere Dinge. Nur von seinem Besuch bei Preussners erwähnte er kein Wort, und daß es eine Brigitte gab, hätte niemand vermuten können, der ihm zuhörte. Das meiste von dem, was Jonny durcheinanderredete, begriff Sammy nicht. Er lächelte nur. Und endlich meinte er: »Jetzt lege ich mich ins Bett und lese. Wehe dir, wenn du nicht den Mund hältst.«
Jonny beschränkte sich rücksichtsvoll auf Summen, Singen und Pfeifen. Nur später, als er selbst im Bett lag, lachte er plötzlich laut auf.
»Geht es dir nicht gut?« erkundigte sich Sammy.
»Mir geht es ausgezeichnet. Aber, sag mal, meinst du, daß Schnittblumen, die in Seidenpapier eingewickelt sind, auf einer unbewohnten Hundehütte wieder anwachsen können?«
»Ich meine, daß du völlig verdreht bist«, antwortete Sammy lachend und knipste das Licht aus. »Träum recht schön von deinen Hundehüttenblumen.«
»Nelken sind es«, verbesserte Jonny. »Rote Nelken in Seidenpapier. Hundehüttenseidennelken ... Seidennelkenhüttenhunde ... Hüttennelkenseidenhunde ...« Er versuchte noch eine ganze Weile, welche Wortkombinationen sich noch finden ließen, und er ahnte nicht, daß seine Blumen in diesem Augenblick gar nichts mehr mit einer Hundehütte zu tun hatten.

Brigitte hatte sich gerade niedergelegt und knabberte an dem, was sie ihr Betthüpferchen nannte. Sie wandte erstaunt den Kopf und steckte noch ein paar Rosinen und Haselnüsse in den Mund. Ihre Augen fragten; denn ein wenig seltsam war es schon, daß die Mutter da mit einem Blumenstrauß in der Hand und einem Gesicht, das nicht zu Blumen paßte, in der Tür stand. Von den Blumen hing Seidenpapier herab wie Bananenschalen von ihrer Frucht. In der anderen Hand hielt die Mutter ein kleines Buch ganz vorsichtig zwischen den Fingern, als fürchte sie, den hellen Einband zu beschmutzen.
»Ich habe doch gar nicht Geburtstag, Mutti. Erst im Dezember. Du hast dich verfrüht.«

»Nein, nein. Ich weiß, wie alt du bist. Und darum denke ich, du könntest vielleicht ein bißchen früh daran sein.«
»Ich weiß nicht, was du meinst, Mutti.«
Frau Preussner kam ins Zimmer, schob die Bettdecke ein wenig zurück und setzte sich neben ihre Tochter. Buch und Blumen legte sie auf das weiße Leinen.
»Für dich«, sagte sie und blickte auf das Mädchen, als wartete sie auf eine Erklärung.
»Für mich? Von wem?«
»Ich weiß nicht, Mädchen. Ich habe das eben unten auf dem Hof gefunden. Auf der Hundehütte lag es. Seltsamer Platz, wenn einer seinem Mädchen Blumen bringen will.«
»Aber wieso sollen denn die für mich sein?«
»Meinst du, daß mir jemand rote Nelken bringt? Oder das hier?« Sie wies mit dem Daumen auf das Buch. »Die schönsten deutschen Liebesgedichte? Nein, nein, Brigitte, für mich ist das nicht bestimmt. Die Zeiten sind längst vorbei. Oder sehe ich noch so aus, daß Unbekannte mir Liebesgedichte schicken? Das glaubst du doch selber nicht. Ich bin immerhin zwanzig Jahre verheiratet. Und dein Vater? Blumen, na ja, meinetwegen. Aber Gedichte?«
Brigitte mußte lächeln.
»Siehst du«, nickte die Mutter. »Dir kommt das auch komisch vor. Wenn hier einer etwas auf die Hundehütte legt, dann ist das für dich bestimmt.«
»Aber ich weiß doch gar nicht, von wem die Blumen sein könnten.«
Frau Preussner legte ihre Finger auf Brigittes Hand. »Na ja«, sagte sie. »Vielleicht weißt du das wirklich nicht. Du hättest ja gar keinen Grund, es zu verschweigen. Aber ich weiß ja, wie das ist. Doch, doch, ich weiß, wie das ist, wenn man sechzehn ist. Ich war schließlich auch einmal so jung. Da sagt man manches lieber nicht, weil die Eltern nicht alles zu wissen brauchen. Und das muß auch gar nichts Schlimmes sein. Man denkt sich nur, es müsse ein Geheimnis bleiben, wenn man verliebt ist. Man glaubt, es wäre nicht mehr so schön, wenn ein Dritter davon wüßte, und wenn es auch nur die Mutter wäre. Ich kenne das ja, Brigitte.«
»Aber ich bin doch gar nicht verliebt. Nicht das klitzekleinste bißchen verliebt. Ich müßte es doch schließlich wissen.«
»So ganz sicher ist das gar nicht. Man denkt, es wäre noch Freundschaft, dabei ist es schon viel mehr. Vielleicht auch nur von einer Seite. Und das

ist nicht schlimm. Es ist ja kein Verbrechen, verliebt zu sein. Dazu ist man jung. Da kommt das Verliebtsein wie früher einmal die Masern, und oft genug geht's auch ebenso schnell vorbei.«
Brigitte spielte mit den Blüten und blickte die Mutter ratlos an. »Ich weiß aber nicht einmal, wer es überhaupt sein könnte.«
»Ist ja gut. Ich glaube es ja. Und daß ich nicht mißtrauisch bin, das weißt du. Nur, du mußt verstehen . . . ich wüßte ganz gern, mit wem du beisammen bist. Daß unsere Brigitte ein anständiges Mädchen ist, das wissen wir sowieso, Vater und ich.«
»Mit niemandem bin ich beisammen. Oder doch, heute mit Jonny und morgen auch.«
Die Mutter lächelte: »Einverstanden. Ein netter Junge. Und er ist ja wohl erst fünfzehn, nicht wahr? Aber kannst du dir vorstellen, daß dieser kunterbunte schlagersingende Bursche dir die schönsten deutschen Liebesgedichte auf die Hundehütte legt? Siehst du, das kannst du dir auch nicht ausmalen.«
Sie stand auf. »Aber hübsch sind die Nelken. Und sie können nichts dafür, daß wir den Spender nicht kennen. Sie gehören trotzdem ins Wasser. Na ja, schlaf gut, Brigitte. Ich dachte ja bloß, nicht wahr? Man soll nämlich immer die Zeit abwarten. Was man tut und erlebt, wenn man zu jung dafür ist, kann dann nicht mehr halb so schön sein, wenn man das richtige Alter dazu hat. Aber es ist ja alles in Ordnung. Gute Nacht, Brigitte.«
Sie nahm die Blumen mit hinunter und ordnete sie in eine Vase.
Brigitte blätterte noch ein Weilchen in dem Bändchen. »Wie soll ich meine Seele halten, daß sie nicht an deine rührt . . .«, las sie. Dann löschte sie das Licht.

Am nächsten Vormittag fand Sammy wieder allerlei Gründe, Jonny zu belächeln. Was der nur dauernd vor dem Spiegel zu tun hatte? Mit seinem kurzen, wolligen Haar gab es doch gewiß keine Mühe. Über seine Fingernägel fiel er schon ein drittes Mal mit einem Feuereifer her, und das rote Halstuch unter dem gelbbraunen Pulli machte ihm viel Sorgen.
»Entweder willst du zu einer Schönheitskonkurrenz, oder du bist verliebt«, stellte Sammy fest.
»Wieso denn?« fragte Jonny entrüstet.
»Ich meine nur so.«

»Aber du meinst falsch.«
»Ich habe mir erzählen lassen, Preussners sollen eine Tochter haben.«
»Haben sie auch. Aber was hat die mit mir zu tun?« Jonny wühlte in seinem Schrank, um dem anderen nicht ins Gesicht sehen zu müssen, aber Sammy trat zu ihm.
»Weißt du, was mir gefällt, Jonny? Daß du dich so schlecht verstellen kannst. Brigitte ist es also. Nettes Mädchen. Könnte mir auch gefallen. Nur – Erhard wird nicht gerade glücklich sein, wenn er es erfährt. Du weißt doch: Ich bin verliebt in deine blonden Haare und so.«
»Was du dir bloß einbildest, Sammy. Na schön, ich war gestern mit ihr unterwegs, und heute wollen wir wieder zusammen fort. Aber das hat doch mit Erhard überhaupt nichts zu tun.« Und nach einer Pause: »Außerdem braucht er es ja auch gar nicht zu wissen. Oder willst du es ihm erzählen?«
»Bin ich ein Waschweib?«
»Na, dann ist's ja gut.«
Statt um halb war Jonny schon um viertel drei bei Preussners. Als er in die Stube trat, sah er seine Nelken.
»Aha, ihr habt sie doch gefunden«, stellte er befriedigt fest.
»Wen haben wir gefunden?«
»Die Hundehüttenseidennelken.«
»Die sind von dir?«
»Hm.«
»Dann bist du gestern abend wohl noch einmal hier gewesen?«
»Wieso gestern abend? Gestern mittag habe ich sie mitgebracht. Für Sie, Frau Preussner. Es gehört sich doch, daß man Blumen mitbringt, wenn man zum Essen eingeladen wird. Ich habe sie auf die Hundehütte gelegt, als ich Ihnen die Klammern gab, und dann habe ich sie vergessen.«
Mutter und Tochter sahen sich an. Erst zuckte es um ihre Mundwinkel, und die Heiterkeit tanzte in ihren Augen, dann platzten beide zugleich mit einem Lachen heraus, das sie schüttelte und gar nicht mehr zu enden schien. Frau Preussner zog mit dem rechten Arm ihre Tochter an sich und drückte sie, als sei sie ein wenig erleichtert. Und da Jonny gerade in der Nähe stand, zog sie ihn mit der Linken zu sich. »Na so was!« sagte sie lachend. »Und ich habe doch tatsächlich gedacht . . .«, und dann lachte sie wieder. Jonny befreite sich verlegen. Die Frau konnte ihn doch nicht einfach an ihre Brust drücken wie ein kleines Kind. Und außerdem war

er auch ein wenig gekränkt. Was gab es da zu lachen? In den Büchern stand doch, daß man Blumen mitbringen sollte.
Endlich beruhigten sich die zwei. »Schönen Dank, Jonny, die Blumen sind sehr schön.«
»Fahren wir?« fragte Jonny, und gleich darauf rollten sie wieder über die Landstraße.
Brigitte wußte einen kleinen See, der in einer knappen Stunde zu erreichen war.
»Wenn man Wasser sieht, findet man es gleich weniger heiß«, meinte sie.
»Wenn man darin schwimmt, ist es noch kühler.«
»Das habe ich mir gedacht. Darum habe ich auch den Badeanzug untergezogen.«
»Na also, dann nichts wie hinein.«
Um die Wette schwammen sie zum anderen Ufer. Jonny gewann, und als Brigitte um Revanche in entgegengesetzter Richtung bat, ließ er sie gewinnen. Dann lagen sie nebeneinander am Ufer und ließen sich von der Sonne trocknen.
»Meine Mutter hat gedacht, irgend jemand wäre in mich verliebt, als sie die Blumen fand und das Buch. Und dabei waren die Nelken doch gar nicht für mich.«
»Nein, nur das Buch. Gefällt es dir?«
»Wenn du es für mich ausgesucht hast . . .«
»Ausgesucht ist ja eigentlich etwas zu viel gesagt. Wie heißt es denn überhaupt?«
Brigitte lachte eine halbe Tonleiter aufwärts. »Das weißt du nicht?«
»Nein, ich hatte gar keine Zeit, es mir anzusehen.«
Das Mädchen schob die Unterlippe vor. »Und ich habe gedacht, du hättest gerade das für passend gehalten. Die schönsten deutschen Liebesgedichte heißt es. Und wenn ein Junge die einem Mädchen schenkt . . .«
Jonny kratzte sich am Kopf. »Au weh, wenn das der Erhard erfährt, bringt er mich um.«
»Erhard? Was hat denn der damit zu tun?«
»Schließlich seid ihr beide doch, – ich meine, du bist doch seine Freundin, nicht wahr?«
Brigitte richtete sich auf einen Ellenbogen auf. »Was bin ich?«
»Erhards Freundin.«
»Was du nicht sagst!«

»Er sagt das.«
»Dann lügt er.«
»Bestimmt?«
»Bestimmt.«
»Schön wär's ja.«
»Warum?«
»Ach, nur so.«
Eigentlich hätte er ja gern mehr gesagt, als dieses »Ach, nur so«. Aber kann man denn einem Mädchen ganz einfach sagen, daß sie einem gefällt, wenn man es selbst kaum begriffen hat? Das ist doch etwas ganz Neues, Ungewohntes.
Erst sind einem alle Mädchen der Welt gleichgültig. Dann verwandeln sie sich nach und nach und werden furchtbar unsympathische Geschöpfe: langhaarige, alberne Gänse, mit denen man nichts zu tun haben will. Und eines Tages merkt man dann, daß ein Mädchen doch anders ist als die anderen. Vielleicht ist es nur ihr helleres Lachen, ihre fröhlichere Stimme, die Art, wie sie mit einem kleinen Hund spielt, oder sonst irgend etwas, was sie von allen anderen unterscheidet. Man denkt deshalb nicht besser von den Mädchen im allgemeinen, aber diese Eine ist eben doch etwas Besonderes. Man entdeckt noch diesen Vorzug und jenen, man ist gern in ihrer Nähe, wenn man sich selbst auch tolpatschig und unbeholfen vorkommt, wenn sie da ist.
Aber das kann man ihr doch nicht sagen. Sie könnte es ja auch gar nicht verstehen, meint man, weil man selbst noch nicht herausgefunden hat, was das bedeutet.
Und dem Mädchen geht es ja auch nicht anders. Oder doch? Vielleicht spürt sie ein wenig schneller, was in solch einem tapsigen Jungen vorgeht, auch wenn sie nicht verrät, was sie weiß.
Ja, so schwierig ist das. Und dabei könnte es doch so leicht sein zu sagen: ich mag dich gut leiden. Man sagt es nicht, wenn man fünfzehn ist.
Und man versteht nicht einmal, daß sie es wortlos sagt, wenn sie wie gedankenlos die Hand ausstreckt und sich eine der kurzen Locken Jonnys um den Zeigefinger wickelt. Jonnys Herz klopft dann ein wenig schneller. Den ganzen Burschen könnte sie um den kleinen Finger wickeln, nicht nur eine winzige Locke.
Das ist so schön, dieses Nichtssagen und dieses Verraten, das Nichtbegreifen und das winzige Hoffen. Man kommt sich plötzlich viel erwachsener vor, aber auch furchtbar dumm. Man wünscht sich, noch recht

lange so neben Brigitte liegen zu können, und ist doch erleichtert, wenn die Fahrräder wieder rollen, und der Badeanzug zum Trocknen am Lenker flattert wie eine Sommerfahne.
Aber wenn da jemand käme und wollte behaupten, man sei verliebt, dann lachte man und fände das sehr komisch.
Verliebt? Wie im Kino? Oder wie in den billigen Romanheften?
Nein, so nicht. Gott sei Dank nicht so. Aber verliebt, – ja, verliebt ist man eben doch. Und das ist schön und gut.

Wie herrlich, daß noch zwei Urlaubswochen vor Brigitte und Jonny lagen. Zwei Wochen, in denen die Sonne es unverändert gut meinte. Tag für Tag fuhren sie hinaus. Bisweilen aß Jonny bei Preussners zu Mittag oder Abend, und als Frau Preussner eines Tages scherzhaft meinte, er gehöre ja zur Familie, fand er das ganz in der Ordnung.
Die vierjährige Jüngste jubelte ihm entgegen, sobald er sich sehen ließ. Sie hatte nur noch einmal erstaunt mit angefeuchtetem Zeigefinger an Jonnys Hand herumgerieben, ob die Farbe auch wirklich nicht abginge, dann hatte sie endgültig ihr Staunen aufgegeben, daß Jonny so anders aussah als alle anderen Menschen, die sie kannte. Ihr war es gar nicht recht, daß der große Freund immer nur so kurze Zeit blieb und recht bald mit Brigitte davonradelte.
Erst zählten sie die Tage nicht, weil ihnen schien, als bliebe es nun immer so. Aber je näher der letzte Urlaubstag kam, desto mehr bemühten sie sich, jede Stunde für ihr Beisammensein auszunützen. In der erreichbaren Umgebung gab es keinen schönen Winkel mehr, den sie nicht besucht hätten. Doch am schönsten waren immer die Fahrtpausen mit ihren Gesprächen. Von Tag zu Tag erfuhren sie mehr voneinander, und aus vielen kleinen Andeutungen, Gedanken, Erinnerungen fügte sich für Brigitte ein deutliches Bild Jonnys, wie auch der Junge nach und nach alles erfuhr, was Brigitte bisher erlebt hatte, was sie dachte, was sie gern mochte und was nicht.
Sie brauchten einander nicht zu sagen, daß sie sich gern hatten. Sie wußten es.
Jonny zog nun nicht mehr die auffällige »Kluft« an, wenn sie ausfuhren, denn Brigitte hatte ihn einmal gefragt: »Weshalb trägst du eigentlich immer die Uniform?«
»Uniform?«
»Nun ja, mindestens zwanzig Jungen laufen so herum. Und zu dir paßt

das eigentlich gar nicht. Du hast es doch nicht nötig, durch Farbenpracht aufzufallen.«
Seitdem hingen die bunten Dinge im Schrank und waren nur noch dazu bestimmt, auf der Bühne getragen zu werden. Kein Wunder. Ein Junge tut halt, was sein Mädchen will.
Am letzten Urlaubstag kamen sie an dem alten Schloß vorüber, auf dessen Turm sie bei ihrem ersten Ausflug gestiegen waren.
»Los, Jonny. Hinaufgeklettert und heruntergehüpft!«
»Nein.» Jonny schüttelte ernsthaft den Kopf. »Damals vielleicht. Heute nicht mehr.«
»Und warum nicht?«
»Es könnte ja wirklich schiefgehen.«
»Du hast doch behauptet, es wäre gleichgültig.«
»War es ja auch, ist es aber nicht mehr.«
»Warum nicht?«
»Weil das Leben viel zu schön ist, und auch, weil eben doch manche traurig wären.«
»Du hast gesagt, das wüßtest du nicht.«
»Aber jetzt weiß ich es.«
Es hatte sich eben allerlei geändert seit dem Tage, an dem Jonny aus München abgereist war. Alles hatte sich geändert. Und dabei war doch nichts geschehen. Fast nichts. Aber die ganze Welt wird anders, wenn da endlich ein Mensch ist, zu dem man gehört.
Als Jonny an diesem Abend ins Heim kam, wunderte er sich, daß Sammy dabei war, das Bett abzuziehen.
»Nanu? Willst du mich alleinlassen?«
»Alleinlassen ist gut. Ich kriege dich ja kaum noch zu sehen.«
Jonny war betroffen. »Eigentlich hast du recht, Sammy. Ich habe mich verflixt wenig um dich gekümmert. Und nun bist du mir böse?«
»I wo. Daß ich mit deiner Brigitte nicht konkurrieren kann, ist mir klar. Aber morgen kommen die anderen zurück. Was meinst du, was der lütte Peter sagte, wenn ich sein Bett besetzt hielte? Er wäre doch gar nicht mehr zu genießen, wenn er dich nicht ständig umkreisen könnte wie ein Sputnik die Erde.«
Tatsächlich – die Urlaubszeit war vorbei. Wie schnell doch drei Wochen vergehen können!
Und wirklich kamen am nächsten Tage die Hausbewohner einer nach dem anderen wieder an. Jeder vertrieb ein Teilchen der Stille. Jeder

brachte außer Koffern und Paketen auch ein Bündel froher Erinnerungen mit, das möglichst schnell vor den anderen ausgebreitet werden mußte. Es war seltsam, aber alle schienen ein wenig verändert. Man mußte sich erst wieder aneinander gewöhnen. Drei Wochen sind eine kurze Weile für junge Menschen. Sie wachsen in dieser Zeit, auch wenn man es nicht immer mit dem Metermaß messen kann.
Nur der kleine Peter schien unverändert. Er stürzte auf Jonny zu, als habe er drei Wochen lang nur darauf gewartet, den Freund wiederzusehen. Und dabei hatte er sich doch von allen am dringlichsten nach Hause gesehnt und war wohl auch mit dem schwersten Herzen wieder daheim abgefahren. Jetzt war ihm nichts mehr davon anzumerken. Vielleicht kam das auch daher, daß er sich in den drei Wochen zu Hause Stärkung geholt hatte, die für einige Zeit ausreichte. Aber sie würde nicht für die ganze Zeit reichen, und bald würde er wieder mit traurigen Augen vor dem Bild an seiner Spindtür stehen. Und seine Anhänglichkeit an Jonny sollte ihm helfen, das Heimweh nicht zu oft die Oberhand gewinnen zu lassen. Er wußte das gewiß nicht, aber das ist nicht verwunderlich. Welcher Mensch weiß denn schon seine Beziehungen zu den Mitmenschen zu deuten?
Schade war es schon, daß der Tag nun wieder zu ein paar kurzen Stunden zusammenschrumpfte. Aber es war auch schön, wieder an der Werkbank zu stehen, Peter rechts, Sammy links, Jonny in der Mitte. Arbeit kann immer Freude machen, und am meisten, wenn man gerade zu ihr zurückkehrt. Das ist wie ein Nachhausekommen.
Und außerdem hatte die Arbeitszeit für Jonny einen ganz neuen Reiz hinzugewonnen, weil sie zugleich Wartezeit geworden war. Die Nachmittage waren zwar nun nicht mehr frei, aber er konnte Brigitte ja wenigstens am Abend für eine Stunde oder zwei treffen.
Den Kameraden fiel es selbstverständlich auf, daß Jonny an den Abenden regelmäßig verschwand.
»Er hat sich bestimmt eine kleine Freundin zugelegt«, behauptete Erhard, und daß Jonny so eifrig widersprach, nahmen alle als ausreichenden Beweis, daß Erhard ganz richtig vermutete.

»Nun bist du wohl zufrieden, daß alle wieder da sind?«
»Ja, es ist schöner im Heim, wenn immer etwas los ist. Aber einen Nachteil hat es auch.«
»Welchen denn?«

»Alle erzählen jetzt so viel von zu Hause, weißt du. Ich komme mir dann immer vor, als sei ich viel schlechter daran als sie. Und alle bekommen Post. Peter sogar jeden Tag. Jedesmal, wenn Frau Herbst mit den Briefen in der Hand in den Speiseraum kommt, passe ich genau auf, ob sie meinen Namen aufruft. Dabei weiß ich doch im voraus, daß sie es nicht tun wird. Mir schreibt ja niemand. Und ich würde so gern auch einmal Post bekommen. Ganz gleich von wem.«

»Hm«, nickte Brigitte. »Das kann ich verstehen. Ein Brief, das ist so etwas wie ein Händedruck von weitem.«

»Oder wie ein Kuß«, sagte Jonny, erschrak vor seinem eigenen Mut und blickte seitwärts auf den Straßenrand. Wie hatte er nur solchen Unsinn reden können. Kuß – so'n Quatsch!

Brigitte wurde ein wenig rot, aber Jonny konnte das nicht bemerken, denn er sah ja an ihr vorbei.

»Wenn du Kuß sagst, klingt das komisch. Dazu bist du noch viel zu klein.« Und dabei mußte sie ein wenig schräg hinaufgucken, weil Jonny ein gutes Stück größer war als sie.

»Gar nicht zu klein«, sagte Jonny trotzig und wußte nicht, warum er sich plötzlich ärgerte.

»Zu klein und zu dumm.«

»Sag das noch einmal.«

»Zu klein und zu dumm bist du.«

Und Jonny nahm Brigittes Kopf zwischen beide Hände, beugte sich ein wenig herab und – schon war es geschehen. Kein Zweifel: das war ein Kuß. Ein ganz schneller, flüchtiger Kuß zwar nur, der kaum zärtlich und sehr bubenhaft trotzig war, aber immerhin ...

Brigitte riß die Augen auf, denn sie war wirklich erschrocken, und in der gleichen Sekunde geriet ihre Hand so kräftig an Jonnys Wange, daß es klatschte.

Jonny fand das ganz in Ordnung. Strafe mußte sein. Aber Brigitte war mit sich selbst nicht einverstanden. Sie war doch gar nicht böse, und das plötzliche Zusammentreffen ihrer Hand mit Jonnys Wange kam überhaupt nur daher, daß junge Mädchen in ihren Gesprächen mit Freundinnen manchmal meinen, so müsse man reagieren, wenn ein junger Mann sich erfrechte ...

Aber was hieß denn hier erfrechte? Er war doch gar nicht frech. Also war die Ohrfeige ein reines Mißverständnis, das sofort bereinigt werden mußte. Und da die Hand doch nun einmal gerade so dicht an seinem Gesicht war, streichelte sie die Ohrfeige gleich wieder fort, und weil Jonnys ein wenig enttäuschter Flunsch sie störte, küßte sie ihn so ganz nebenbei auf die traurig vorgeschobene Unterlippe. Und das konnte kein Mißverständnis sein und kein Versehen, denn sie hatte sich eigens dazu auf die Zehenspitzen gereckt.

Der Junge war verdutzt und fragte, während ihm auffiel, daß es heute abend entsetzlich warm war: »Na, was denn nun? Ohrfeige oder Kuß?«

»Beides«, lächelte Brigitte und hatte ihre Sicherheit schon zurückgewonnen. »Die Ohrfeige, weil du mich geküßt hast, ohne zu fragen.«

»Einverstanden. Und den Kuß?«

»Weil du mich geküßt hast, ohne erst lange zu fragen.«

Kenne sich doch einer in der vertrackten Logik der Mädchen aus!

Schon am nächsten Nachmittag bekam Jonny einen Brief. Erst wollte er es gar nicht glauben, als sein Name aufgerufen wurde, und selbst die Kameraden waren erstaunt, als sie es hörten. Aber es war kein Irrtum: der Name auf dem Umschlag stimmte. Ein Absender war nicht vermerkt, und Jonny dachte nicht daran, daß er den Brief nur zu öffnen brauchte, um zu erfahren, wer ihm geschrieben hatte. Ein Brief – das war etwas so Seltsames. Irgendein Mensch mußte an ihn gedacht haben! Er betrachtete genau die Handschrift, aber sie war ihm fremd. Und dann bemerkte er, daß Erhard ihn neugierig beobachtete, und verbarg den Brief hastig in der Tasche, als fürchte er, der andere könne in sein Geheimnis (denn ein Brief – das war doch ein Geheimnis!) eindringen. Er ging in den Waschraum, weil er hoffte, dort zu dieser Stunde ungestört zu sein, und dann öffnete er den kleinen rosafarbenen Umschlag ganz vorsichtig, um ihn nicht mehr zu beschädigen, als unvermeidbar war.

Vier dichtbeschriebene Seiten zog er hervor und suchte zuerst nach der Unterschrift. »Deine Brigitte«, stand da. Brigitte! Zuerst war der Junge nur erstaunt. Warum mußte das Mädchen ihm schreiben? Gestern hatten sie sich gesehen, und heute würden sie sich wieder treffen. Oder – vielleicht konnte sie nicht kommen? Und nun begann er zu lesen. Es konnte ja doch auch etwas Schlimmes geschehen sein. Aber davon stand nichts in dem Brief. Brigitte schrieb ihm eigentlich nur, daß sie müde sei, daß sie sich freue, ihn morgen wieder zu sehen, daß sie die Standuhr unten im Wohnzimmer schlagen höre und draußen vor dem Fenster die Sterne sähe. Den großen Wagen und den kleinen. Sonst stand nichts auf diesen vier Seiten. Auch als Jonny zum zweitenmal las, war es nicht mehr geworden, und er hätte nicht erklären können, warum er sich doch über jedes Wort so sehr freute, und warum jede der Nichtigkeiten ihm so bedeutsam erschien, daß er sie nicht oft genug lesen konnte. Er wußte noch nicht, daß Liebende in ihren Briefen im Grunde immer nur meinen: ich liebe dich, worüber sie auch schreiben mögen. Und weil sie es auf immer neue Weise verschweigen, wissen sie jeden Tag einen neuen Brief zu schreiben, der in zahllosen Nichtigkeiten das einzig Wichtige verbirgt und verrät.

Ja, jeden Tag oder doch jeden zweiten kam nun ein Brief. Als hätten sie es so vereinbart, erwähnten sie die Briefe nie, wenn sie beisammen waren, und Jonny saß nun auch manchmal über einen Briefbogen gebeugt und hatte es eilig, durch das Schreiben an Brigitte nicht zu spät zu kommen, wenn er mit ihr verabredet war.

Die Kameraden machten lange Hälse, um einmal die Anrede lesen zu können, aber Jonny paßte auf. Es ging niemanden an, wem er schrieb und wen er traf. Niemanden außer Brigitte und ihn. Sie neckten ihn häufig mit seiner »schönen Unbekannten«. Sollten sie doch! Es machte Jonny sogar Spaß.

Peter maulte: »Vor ein paar Wochen hast du mir gesagt, alle Weiber seien dumme Gänse. Und nun läufst du dauernd einer dummen Gans nach, und wir haben überhaupt nichts mehr von dir.«

Jonny lächelte nur und fuhr dem Kleinen mit gespreizten Fingern von hinten durch das Haar, daß Peter den Kamm aus der Tasche angeln mußte, um wieder Ordnung in seine Frisur zu bringen. Er schüttelte zwar den Kopf über seinen Freund Jonny, aber wehe jedem anderen, der ein Wort der Kritik gewagt hätte.

Eines Tages, als Jonny gerade wieder über einem Brief hockte, kam Peter aufgeregt herein und rief: »Du, Jonny, draußen ist ein Mann mit Auto. Er will dich sprechen.«

Jonny stand auf, legte den angefangenen Brief in den Schrank und ging hinaus. Ein Herr schüttelte ihm die Hand und stellte sich vor. Er war von der Kurverwaltung des benachbarten kleinen Badeortes.

»Willst du nächsten Sonntag bei uns singen?«

»Da müssen Sie Erhard fragen. Der leitet die Willnow-Band.«

»Die wollen wir ja gar nicht. Wir haben unsere eigene Kapelle, und die ist bestimmt nicht schlecht. Wir haben eigentlich auch einen festen Schlagersänger, aber am nächsten Sonntag ist er nicht da. Er heiratet.

Ausgerechnet während der Saison, als ob er nicht bis zum Herbst warten könnte. Und nun haben wir gedacht, du könntest vielleicht einspringen?«
»Na ja, ich könnte schon, aber . . .«
»Wir verlangen das selbstverständlich nicht umsonst. Wärst du mit dreißig Mark für den Abend einverstanden? Außerdem würden wir dich nachmittags mit dem Wagen hier abholen, damit du eine Verständigungsprobe mit der Kapelle haben kannst, und dich abends zurückbringen. Du hättest nur vier oder fünf Nummern zu singen.«
»Na gut, einverstanden!« Das bedeutete zwar, daß er am Sonntag nicht mit Brigitte ausfahren konnte, aber dreißig Mark waren immerhin ganz verlockend, und die Aussicht, in einem großen Saal mit einer richtigen Kapelle singen zu können, nicht weniger.
»Also abgemacht. Sonntag um halb drei hole ich dich ab.«
»In Ordnung. Auf Wiedersehen am Sonntag.«
Als sich die Willnow-Band am gleichen Abend zur Probe traf, war Erhard durchaus nicht zufrieden, als er hörte, was Jonny mit der Kurverwaltung vereinbart hatte.
»Es ist ja schön, daß du Geld verdienen kannst, aber eigentlich brauchen wir dich am Sonntag. Wir spielen doch im Waldkater und kriegen Ärger mit dem Publikum, wenn wir dich nicht mitbringen.«
»Daran habe ich nicht gedacht«, gestand Jonny kleinlaut, aber dann wußte er einen Ausweg. »Vielleicht läßt es sich so einrichten, daß ich dort ziemlich früh singe. Dann kann ich noch rechtzeitig im Waldkater sein und noch einmal auftreten.«
»Schön wär's ja«, nickte Erhard. »Du wirst auf diese Weise noch ein reicher Mann. Dann denk aber daran, wer deine Freunde sind. Vielleicht kann ich dich dann einmal anpumpen. Aber jetzt müssen wir proben. Es ist sowieso schon reichlich spät. Hier, sieh dir mal die neuen Schlager an und such dir aus, was du singen möchtest.« Er drückte Jonny einen ganzen Stapel Notenblätter in die Hand. »Hast du die anderen Noten mitgebracht, die ich dir gegeben habe?«
»Nein, die habe ich vergessen. Sie liegen in meinem Schrank. Willst du sie nicht holen, während ich mir diese hier ansehe?«
»Meinetwegen.« Erhard ging ein Stockwerk tiefer. Niemand war im Zimmer. Er öffnete Jonnys Schrank, sah die Noten sofort liegen, nahm sie heraus, schloß die Schranktür und wollte den Raum wieder verlassen. Doch dann öffnete er den Schrank nochmals. Ja, da lagen säuberlich

aufeinandergeschichtet, alle im gleichen kleinen rosafarbenen Umschlag, die Briefe, die Jonny jetzt täglich bekam. Erhard nahm sie heraus, las die Anschriften, stellte fest, daß keiner einen Absender trug, zögerte und legte sie dann doch zurück, sorgfältig darauf bedacht, ihnen die alte Lage zu geben. Aber dann dachte er, daß die Gelegenheit günstig sei, hinter Jonnys Geheimnis zu kommen. Vielleicht konnte man ihn ein wenig necken. Nicht gleich selbstverständlich, sondern erst in ein paar Tagen, damit Jonny nicht erraten konnte, welcher Quelle Erhards Wissen entstammen mochte.

Das war nicht in Ordnung. Ganz bestimmt nicht. Fremde Briefe zu durchschnüffeln ist eine schmutzige Sache. Jeder Mensch hat einen Bereich, der nur ihm gehört. In den darf man nicht eindringen. Es ist ein seltenes und kostbares Geschenk, wenn ein Mensch den anderen in diesen Bereich hineinblicken läßt. Es ist der echteste Vertrauensbeweis, denn man liefert sich dabei immer ein wenig dem anderen aus, und erst später kann man wissen, ob er das Vertrauen verdiente, das ihm erwiesen wurde.

Erhard fühlte das genau, als er hastig einen Brief aus dem Umschlag zog, dabei unruhig horchend, ob sich niemand dem Zimmer näherte. »Lieber Jonny«, las er, aber das interessierte ihn nicht. Nein, was da geschrieben stand, das wollte er durchaus nicht wissen. Er wendete das Blatt und las: »Gute Nacht, Deine Brigitte.«

»Brigitte?« Der Name ist nicht eben selten, aber daran dachte Erhard keinen Augenblick. Er wußte sofort, daß es sich nur um Brigitte Preussner handeln konnte.

Er schob das Blatt in den Umschlag zurück und legte den Brief zu den übrigen. Mit verkniffenem Mund stieg er die Treppe wieder hinauf. Bei der Probe war er ungeduldig und unsicher. Er brach sie bald ab und hielt Jonny zurück, als der mit den anderen hinuntergehen wollte.

»Moment mal, bitte.«

»Ja?«

Erhard setzte sich auf den Tisch, kramte in seinen Taschen, zog eine zerknitterte Packung daraus hervor und zündete sich eine Zigarette an. Das war zwar eigentlich nur unten im Besuchszimmer erlaubt, doch so genau wurde das nie genommen, und Frau Herbst gab sich selten Mühe, Sünder zu entdecken, die gegen dieses Gebot verstießen.

Jonny wartete geduldig, setzte sich in verkehrter Richtung auf einen Stuhl und legte das Kinn auf die auf der Armlehne verschränkten Hän-

de. Er schaute aufmerksam zu, bis Erhards Zigarette brannte. Der rauchte ein paar Züge, dann stieß er plötzlich hervor:
»Ich wußte nicht, daß du ein so gemeiner Kerl bist.«
»Nanu? Wem habe ich denn etwas getan?«
Jonny war über den unerwarteten Angriff des anderen ehrlich erstaunt.
»Diese Brigitte, mit der du vermutlich jeden Abend beisammen bist und die dir rosarote Liebesbriefe schreibt, ist doch Brigitte Preussner, nicht wahr?«
»Woher weißt du das?«
»Nebensache. Ich weiß es eben. Und du weißt, daß Brigitte bereits von mir reserviert war.«
»Erstens ist Brigitte kein Kinoplatz, den man reservieren kann, und zweitens nehme ich an, daß du die Briefe gelesen hast, die in meinem Schrank liegen. Das finde ich unfair.«
Erhard drückte seine halbgerauchte Zigarette aus: »Du darfst die Dinge nicht verdrehen. Unfair ist es, einem Kameraden die Freundin auszuspannen.«
Jonny stand auf und stützte sich auf die Lehne wie ein Redner auf sein Pult. Er war nicht aufgeregt. Dazu war er seiner Sache viel zu sicher.
»Eine drollige Freundschaft muß das sein, Erhard. Brigitte weiß nichts davon. Ich habe sie gefragt.«
»Dann hat sie gelogen.«
»Kaum. Der Urlaub ist seit genau sechzehn Tagen vorbei. Und heute entdeckst du endlich, daß ein Mädchen, das angeblich deine Freundin ist, Abend für Abend keine Zeit für dich hat, weil sie sich mit mir trifft. Das scheint mir eine etwas kühle Freundschaft zu sein.«
Erhard wurde unsicher. »Das scheint vielleicht so, aber es ist mir gleichgültig, wie es scheint. Ich habe auch gar keine Lust, dir irgend etwas zu erklären.«
»Schade, deine Erklärung würde mich interessieren.«
»Dich braucht nur zu interessieren, daß du die Finger von Brigitte zu lassen hast. Die habe ich mir nun einmal ausgesucht.«
»Aber sie hat eben mich ausgesucht und nicht dich.«
»Was nicht ist, kann noch werden. Du suchst dir am besten jetzt schon eine andere.«
»Ich denke gar nicht daran. Ich will auch gar keine andere haben. Brigitte ist mir gerade recht.«

»Das könntest du vielleicht bereuen, Jonny.«
»Soll das etwa eine Drohung sein? Willst du dich mit mir um Brigitte schlagen, wie es kleine Jungen um ein Spielzeug tun? Ich finde das albern, aber meinetwegen. Zwei Jahre älter bedeutet nicht unbedingt zwei Jahre stärker.«
»Prügeln? Ich denke ja gar nicht daran.« Erhard lächelte überlegen und zündete eine neue Zigarette an. »Wer die Fäuste braucht, um sich durchzusetzen, beweist damit, daß es ihm an Hirn fehlt. Ich kann mich über solchen Mangel nicht beklagen. Überleg es dir lieber noch einmal. Das ist ein gutgemeinter Rat.«
Jonny schob den Stuhl mit einem Ruck unter den Tisch. »Geschmacklos und langweilig«, sagte er, wandte dem anderen den Rücken und ging hinaus.
Erhard blieb noch ein paar Minuten auf dem Tisch hocken. Er blickte auf die Tür, die Jonny soeben hinter sich geschlossen hatte. In seinem Blick lag ein Drohen.
Endlich zerdrückte er den Zigarettenrest zwischen den Fingern und schnippte ihn auf den Fußboden. Als er vom Tisch stieg, reckte er sich, als wolle er sich auf einen Kampf vorbereiten. Aber sein Lächeln sah nicht so aus, als sollte es ein ehrlicher Kampf werden.
Vielleicht hatte er es sich bis zum nächsten Morgen bereits anders überlegt; denn an den folgenden Tagen war nur zu bemerken, daß Erhard und Jonny einander auswichen, so gut sie konnten. Den anderen fiel das kaum auf, nur der kleine Peter blickte bei den Mahlzeiten mißtrauisch prüfend auf die beiden Rivalen. Er hatte ein feines Gefühl für Stimmungen, und eine Verstimmung störte ihn wie einen Musiker ein falscher Ton. Aber er fragte nichts. Er hatte sich längst daran gewöhnt, auf verständige Fragen mit dummen Antworten abgespeist zu werden.
In ihrem Zimmer kamen Jonny und Erhard kaum zusammen. Entweder war Jonny ausgegangen, um Brigitte zu treffen, oder Erhard saß mit Wulf in irgendeinem Winkel. Mit Wulf schien ihn seit kurzem eine besonders enge Freundschaft zu verbinden.
Wolfgang mühte sich, neutral zu bleiben. Er war Erhards bester Freund, aber warum sollte er plötzlich etwas gegen Jonny haben?
Der Sonntag kam heran. Jonny wurde am Nachmittag pünktlich abgeholt. Auf der Fahrt zum Badeort fragte der Herr von der Kurverwaltung den neben ihm sitzenden Jonny: »Hast du gar kein Lampenfieber?«
»Nein. Warum sollte ich Lampenfieber haben?«

»Es ist schon etwas anderes, ob man vor seinem gewohnten Publikum auftreten soll oder bei uns im Kursaal. Sonst hast du immer viele Jugendliche vor dir. Heute werden es wohl meistens ältere Jahrgänge sein. Die sind nicht so leicht zu begeistern.«

»Ich singe den ›Sonny boy‹, den schlucken die älteren Jahrgänge wie Bienenhonig. Sie werden ja sehen.«

Jonny hatte recht. Es gab zwar nicht so stürmischen Beifall, wie er es gewöhnt war, aber er merkte doch, daß er den Leuten gefiel. Sie klatschten weniger laut, aber ebenso herzlich wie Jonnys Stammpublikum. Es gab wirklich keinen Grund, aufgeregt zu sein.

Schon um halb zehn hatte er sein Programm hinter sich gebracht. Der Vertreter der Kurverwaltung holte ihn gleich hinter der Bühne ab.

»Komm, trinken wir ein Glas«, schlug er vor. Jonny lehnte nicht ab und trank ein Glas Wein. »Bitte sehr, hier ist deine Gage. Willst du bitte hier unterschreiben.« Der Junge nahm einen Umschlag in Empfang und schrieb seinen Namen auf eine Quittung.

»Soll ich dich jetzt gleich zum Waldkater fahren? Du sagtest doch, daß deine Freunde dort auf dich warten.«

»O ja, das wäre fein. Vielleicht kann ich dort auch noch etwas singen.«

»Na, dann los, in zehn Minuten können wir dort sein.«

»Ein toller Wagen!«

Chausseebäume flitzten vorüber, die menschenverlassene Straße eines Dorfes.

»Siehst du, wir haben es schon geschafft.«

»Kommen Sie noch mit hinein?«

»Nein, nein, ich muß gleich zurück. Viel Spaß wünsche ich noch.«

»Schönen Dank. Auch für's Herbringen.«

Jonny blieb noch eine Minute vor der Tür stehen. Drinnen spielten die Freunde eine Samba. Das Schlagzeug war deutlich zu hören, und ab und zu ein heller Trompetenton.

Der Junge drückte die Tür auf und schob sich in den Saal. War das ein Gedränge! Die Paare strebten gerade von der Tanzfläche zu den Tischen zurück. Manche entdeckten Jonny, der sich an einen Türpfosten lehnte, und riefen ihm Grußworte zu.

»Singst du heute abend?« fragte einer, und Jonny hob lächelnd die Schultern: »Mal sehen.«

Er blickte zur Bühne, wo die Musiker sich schon wieder zurechtsetzten,

und dachte, daß er noch ein Weilchen zuhören wollte. Zum Singen blieb ja immer noch Zeit.
Wieder blieben ein paar junge Leute bei ihm stehen und versperrten ihm die Sicht. Im Saal flackerte Gelächter auf, wurde stärker. Die Musik setzte ein, und Jonny hörte Gesang:
»Schwarzes Gesicht, wolliges Haar . . .«
Er schob die Lederjacke zur Seite, die ihm vor der Nase stand, und konnte wieder die Bühne sehen. Am Mikrophon stand ein Junge, der wie Jonny gekleidet war. Sein Gesicht war schwarz bemalt, er riß die Augen weit auf, daß sie sich wie weiße Flecken abhoben, und war offensichtlich bemüht, Jonnys Tonfall nachzuahmen:

». . . zähl ja nicht voll,
bin ja kein Mensch,
ich bin nur ein Nigger . . .«

Das Gelächter im Saal überdeckte die folgenden Worte.
Manche verlangten Ruhe, und dann war wieder zu verstehen:

»Bin nur ein Neger
und kein weißer Mann,
aber die Ladies
finden mich pikant,
interessant.
Bin nur ein Jonny,
zieh' durch die Welt,
singe für money,
tanze für Geld . . .«

Der Rest verlor sich im Lärm. Die meisten klatschten und trampelten Beifall.
Jonny wurde blaß. Er preßte die Hände hinter dem Rücken um den Türpfosten. Der große Junge, der ihm vorhin die Sicht versperrt hatte, wandte sich zu ihm um: »Toll macht der das, nicht wahr? Zähl ja nicht voll, bin ja kein Mensch, ich bin nur ein Nigger . . . Hör mal, was machst du denn für ein Gesicht?«
Plötzlich verstummte er, stutzte, und seinem Gesicht war anzusehen, daß er endlich zu begreifen begann. »Ach so. Mensch, ist das komisch!«

Er brüllte vor Vergnügen und schlug Jonny im Takt auf die Schulter: »Aber die Ladies finden mich pikant, interessant!«
Jonny wischte die Hand fort. Er biß sich auf die Unterlippe und mußte sich Mühe geben, nicht in das Gesicht mit dem aufgerissenen Mund zu schlagen. Er fühlte mehr als er sah, daß immer mehr Köpfe sich ihm zuwandten. Ihm war, als stünde Hohn in allen Gesichtern, als sängen alle ihm zu: »Zählst ja nicht voll, bist ja kein Mensch, du bist nur ein Nigger . . .«
In seinem Hirn wirbelten die Gedanken. Was tun? Hinausgehen? Man könnte meinen, er risse aus.
Er stieß sich mit kurzem Ruck vom Türpfosten ab, verschaffte sich mit den Ellenbogen Platz und ging langsam und wie gelangweilt über die Tanzfläche vor. Er nickte zu manchen Tischen hinüber, auch wenn er dort niemanden kannte. Zurufe und Gelächter umschwirrten ihn. Hier und da wurde auch geklatscht. Dem Jungen war, als sei er niemals zuvor so allein gewesen wie in den Sekunden, die er brauchte, um über die freie Tanzfläche zu gehen.
Erhard sah ihn kommen. Die Mundwinkel spöttisch hinuntergezogen, sah er ihm entgegen. Als Jonny aber der Bühne ganz nahe war, wandte Erhard sich ab, gab das Einsatzzeichen und die Band stürzte sich in einen Rock'n Roll. Die Tanzfläche wurde von Paaren überschwemmt.
Jonny stieg über die kleine Holztreppe auf die Bühne, blieb stehen, als überlege er, ob er zu Erhard hinübergehen sollte, aber dann trat er durch die Seitenkulissen.
Vor dem Waschbecken stand der Lehrling Wulf, Erhards Freund, und bemühte sich, die schwarze Farbe aus dem Gesicht zu waschen. Im Spiegel entdeckte er Jonny und fuhr herum. Er zog den Kopf zwischen die Schulter und hob die Arme ein wenig, als fürchte er, geschlagen zu werden.
Jonny blieb vor ihm stehen und betrachtete ihn angewidert. Seine Wortlosigkeit steigerte Wulfs Furcht.
»Ich wollte ja gar nicht, Jonny. Es war Erhards Idee, weißt du.«
Jonny antwortete nicht.
»Mensch, Jonny, guck doch nicht so.« Und dann, mit dem Bemühen, seiner Stimme Festigkeit zu geben: »Wenn du mich anrührst, kriegst du es mit Erhard zu tun. Und nicht nur mit ihm. Sieh dich vor.« Aber es war zu hören, daß es ihm nicht gelang, sich selbst Mut zuzusprechen.
»Pfui Teufel«, sagte Jonny. »Bist du ein Schwein.«

»Aber wieso denn? Man kann doch wohl einmal ein Lied singen? Du bist doch überhaupt nicht gemeint. Das Lied ist ja aus einer richtigen Operette. Von Paul Abraham ist es, hier, siehst du, das sind die Noten.«
»Pfui Teufel!« Und schon im Gehen fügte Jonny hinzu: »Am Ohr und am rechten Auge hast du noch Farbe. Vergiß nicht, sie abzuwaschen, sonst zählst du am Ende auch nicht mehr voll.«
Durch den Hinterausgang verließ er das Haus und ging der Stadt zu. Er wunderte sich, daß er keinen Zorn fühlte, keine Enttäuschung, keine Trauer.
Gar nichts fühlte er außer seiner Müdigkeit. Aber in einer knappen Stunde konnte er ja im Bett liegen und schlafen.
Als Erhard und Wolfgang nach Hause kamen, schlief Jonny längst und hörte nichts davon. Als er aber am Morgen aufstand und die Zimmergefährten sah, packte ihn die Erregung. Über die Gemeinheit von gestern abend konnte er ja nicht einfach hinweg, als sei nichts geschehen. Er wollte Erhard zur Rede stellen, aber es ergab sich nicht gleich eine Gelegenheit dazu, und Jonny verschob die unerläßliche Aussprache. Beim Frühstück säßen sie ja am gleichen Tisch, dachte er.
Erhard und Wolfgang ließen jedoch auf sich warten. Der kleine Peter saß Jonny gegenüber, ein wenig unausgeschlafen wie immer, aber doch begierig zu erfahren, ob Jonny bei seinem Auftreten im Badeort Erfolg gehabt habe. Er wunderte sich, daß der Freund ganz im Gegensatz zu seinen sonstigen Gepflogenheiten gar nicht gesprächig war und nur immer zur Tür schaute.
Endlich! Erhard und Wolfgang kamen als letzte, nachdem die anderen die Mahlzeit schon begonnen hatten.
Jonny spürte seine Spannung bis in die Fingerspitzen. Es würde Streit geben. Er liebte das nicht, aber diesmal war es wohl unvermeidlich. Er wollte nur noch warten, bis beide sich gesetzt hätten, und dann ganz ruhig fragen: »Willst du mir nicht erklären, wie das gestern abend gemeint war?«
Er sah Erhard schon jetzt aufmerksam an. Der preßte die Lippen aufeinander, daß sein Mund nur noch als Strich im Gesicht stand, und blickte über den Tisch und über Jonny hinweg. Einen Augenblick blieb er an seinem Platz stehen, dann nahm er Teller, Messer und Tasse, ging damit zum Nachbartisch hinüber, kam noch einmal zurück und holte seinen Stuhl. Wolfgang tat es ihm nach, nur gelang es ihm nicht, dabei das gleiche verschlossene Gesicht zu bewahren wie sein Freund. Er schaute

auf Jonny, und in seinen Augen flackerte es wie eine Mischung aus Unruhe und Triumph.

»Nanu?« fragte Peter erstaunt. »Spinnen die? Klemmen sich an anderen Tischen an die Ecken und lassen uns hier ganz allein sitzen. Verstehst du das?«

»Ich glaube schon«, erwiderte Jonny kurz und begann zu essen.

Der Platzwechsel der beiden war selbstverständlich überall beobachtet worden. Nach anfänglichem Schweigen wurde an allen Tischen getuschelt. Jonny sah, daß Wulf seinen Tischgefährten das unverständlich scheinende erklärte. Als er Jonnys Blick bemerkte, wurde er unsicher und grinste ein wenig, aber dann sagte er laut genug, daß alle es hören konnten: »Na, begreift ihr vielleicht, warum Jonny sich getroffen fühlt, wenn von einem Nigger die Rede ist? Ist doch ganz unverständlich, nicht wahr? Aber man sagt ja wohl, daß getroffene Hunde bellen.«

Frau Herbst bemerkte die Veränderung und erkundigte sich, was sie zu bedeuten habe.

»Da drüben schmeckt es mir nicht«, erklärte Erhard und deutete mit dem Kopf zu Jonnys Tisch hinüber. Wolfgang ergänzte: »Die Gesellschaft paßt uns nicht, verstehen Sie?«

Die Heimleiterin schüttelte den Kopf, aber sie hatte nichts einzuwenden. Warum auch? Solche Unstimmigkeiten zwischen den Lehrlingen kamen immer einmal vor und verschwanden so unvermittelt, wie sie auftauchten. Wahrhaftig kein Grund zum Eingreifen. Damit ließ sich ein solcher Streit nicht schlichten, sondern höchstens schüren.

Später an der Werkbank erzählte Jonny seinen Nachbarn Sammy und Peter, was sich zugetragen hatte. Beide waren empört.

»Da muß man doch auf den Tisch schlagen«, behauptete Peter und ballte die Faust, als wolle er es unverzüglich tun.

»So ganz furchterregend wird sich das kaum anhören«, grinste Sammy. »Außerdem ist es auch Unsinn. Erhard ist eifersüchtig. Ich hatte es dir ja vorausgesagt, Jonny. Er versucht, sich auf eine recht geschmacklose Weise dafür zu rächen, daß du ihm Brigitte vor der Nase weggeangelt hast. Geschmacklos ist nicht das richtige Wort. Ich finde es schmutzig. Aber Dreck beseitigt man nicht, indem man darin herumrührt. Am besten wird sein, du stellst dich einfach blind und taub. Du bemerkst gar nicht, was da gespielt wird.«

Peter widersprach: »Und inzwischen hetzten die anderen weiter.«

»Sollen sie doch«, meinte Jonny wegwerfend. »Die meisten stehen be-

stimmt auf meiner Seite und lassen sich nicht von Erhard aufhetzen.«
»Sei nicht zu sicher«, mahnte Sammy. »Ich fürchte, du wirst einige Enttäuschungen erleben.«
»Habt ihr nun endlich genug geschwatzt?« fuhr Lehrmeister Simons dazwischen. Die drei Jungen griffen zu ihren Feilen und arbeiteten stumm.
Den ganzen Tag über geschah nichts Beachtenswertes. Nur bauten Erhard und Wolfgang gleich nach dem Abendbrot, das sie wieder an fremden Tischen einnahmen, ihre Betten ab und brachten sie so auffällig es nur eben ging in andere Schlafräume. Jonny war bereits gegangen, um Brigitte zu treffen, und konnte den Umzug nicht beobachten. Frau Herbst hingegen blieb er nicht verborgen. Sie stellte die beiden, als sie gerade mit großem Hallo die Matratzen über den Gang trugen.
»Ihr treibt es aber wirklich zu weit. Was soll denn das bedeuten?«
Erhard setzte behutsam die Matratze ab und stemmte die Hände in die Hosentaschen. »Das soll bedeuten«, sagte er langsam und sehr deutlich, damit die neugierigen Lehrlinge ringsum es auch verstehen sollten, »daß ich nicht die Absicht habe, länger mit einem Schwarzen im selben Raum zu leben. Versuchen Sie am besten gar nicht erst, mich dazu zu zwingen. Es gelingt Ihnen doch nicht.«
Peter, der sich eifrig vorgedrängt hatte, fuhr dazwischen: »Er tut, als habe es etwas mit hell oder dunkel zu tun. Er lügt ja. Jonny hat ihm die Freundin ausgespannt, das ist der ganze Grund.«
Alle lachten, aber Erhard geriet nur für eine Sekunde in Verlegenheit, dann parierte er den Angriff: »Erstens bist du noch viel zu winzig um zu wissen, was eine Freundin überhaupt ist, und zweitens glaubst du doch wohl selbst nicht, daß ich mich für ein Mädchen interessiere, das sich mit einem Schwarzen abgibt.«
»Und dabei hast du selbst immer getan, als sei Jonny dein Freund.«
»Dazu habe ich mich auch genug zusammennehmen müssen. Aber ich habe immer geglaubt, die Herrlichkeit würde sowieso nicht lange dauern mit diesem Bastard. Aber hier ist ja alles verrückt geworden. Alle lieben Jonny! Keiner hat je etwas von Stolz gehört.«
Er nahm seine Matratze wieder auf, und Frau Herbst verwehrte es ihm nicht. Nein, sie war ganz und gar nicht mit dem einverstanden, was Erhard da sagte. Aber was sollte sie tun? Sie wußte es nicht. Es wurde ja auch längst nicht alles so heiß gegessen, wie es gekocht wurde. Die Jungen würden sicher von selbst wieder zur Vernunft kommen.

Peter, der sonst immer früh einschlief, blieb wach, bis Johnny um zehn Uhr zurückkam.
»Wir haben jetzt ein Zimmer ganz für uns. Die beiden anderen sind ausgezogen. Fein, nicht wahr?« Er bemühte sich, seine Worte glaubwürdig klingen zu lassen, aber es fiel nicht schwer, Traurigkeit und Mitleid herauszuhören.
»Wenn du auch ausziehen willst, bitte, ich halte dich nicht.« Jonny drehte dem Kameraden den Rücken zu und begann sich auszukleiden.
Peter antwortete nicht. Er hatte sich zur Wand gekehrt und mußte ein paarmal heftig schlucken. Er hörte, daß Jonny noch einmal zum Waschraum hinüberging. Das war gemein, dachte er. Das habe ich nicht verdient. Wer hat denn vorhin für Jonny gesprochen? Nicht einmal Sammy. Der saß wohl irgendwo mit einem Buch und interessierte sich für sonst nichts. Nur er, Peter, hatte etwas gesagt. Und nun? Nun behandelte Johnny ihn, als sei er auch einer von Erhards Sorte.
»Du, Jonny, hast du das vorhin ernst gemeint?« fragte Peter, als Jonny vom Waschen zurückkam.
»Was denn nur? Laß mich doch in Ruhe!«
»Soll ich wirklich auch ausziehen?« Und da der andere nicht antwortete, fügte er nach einem Weilchen hinzu: »Ich bin doch dein Freund.«
Es klang ein wenig hoffnungslos, ein wenig gekränkt, ein wenig bittend sogar. Jonny ordnete noch etwas in seinem Schrank und schien gar nicht zu hören, was der Kleine sagte. Doch bevor er dann in sein Bett stieg, blieb er neben Peter stehen und sagte: »Danke, Peter«, und ein wenig später, schon im Bett liegend: »Du, ich glaube, du siehst meinem kleinen Bruder ein wenig ähnlich. Habe ich dir das eigentlich schon einmal gesagt?«
Und Peter wußte nicht, warum er sich darüber freute. Aber eines wußte er: er würde zu Jonny stehen. Sein Entschluß schien ihm edel, fast ein wenig heldenhaft, aber auch ganz selbstverständlich.

Es war ja eigentlich noch nicht viel geschehen. Jonny versuchte, sich selbst einzureden, daß er keinen Grund habe, beunruhigt zu sein. Ein paar Lehrlinge, von denen er bisher geglaubt hatte, sie seien ihm wohlgesonnen wie alle anderen, rückten von ihm ab. Das war schade, denn Jonny hatte sich in den letzten Wochen so oft gefreut, mit allen gut auszukommen, von allen anerkannt zu sein. Er hatte nicht mehr daran gedacht, ein Außenseiter zu sein, denn es gab keinen Anlaß zu solchem Ge-

danken. Aber hatte sich denn das geändert? Erhard war gegen ihn. Es war gewiß nicht anständig, daß er tat, als sei Jonnys Hautfarbe der Grund dafür. Aber vielleicht war das auch ganz gut. Es war ja ausgeschlossen, daß die anderen sich dadurch beeinflussen ließen. Es gab doch keine vernünftige Erklärung dafür, warum sie plötzlich anders denken sollten, als sie bisher gedacht hatten. So meinte Jonny.
Er ahnte nicht, daß ein vernünftiger Anlaß gar nicht nötig ist. Wo jemand entschlossen und überlegt ein Ziel verfolgt, gewinnt er auch Anhänger. Es ist leicht, die Menschen an die Minderwertigkeit eines anderen glauben zu lassen, wenn man ihnen schmeichelt, sie seien mehr wert, als dieser andere.
Erhard warb. Er hatte Erfolg. Die Gruppe, die sich um ihn sammelte, wuchs langsam. Zwar waren es nicht eben die klügsten der Jungen, die sich ihm anschlossen, aber es waren die stärksten. Und als sie nach kaum zwei Wochen merkten, daß sie stark genug waren, ihren Willen durchzusetzen, gingen sie daran, es auch zu tun. Sie fanden wenig Widerstand.
»Wer mit dem Schwarzen spricht, kriegt Prügel«, flüsterte es durch Heim und Werkstatt. Niemand versuchte, ob der Drohung die Tat folgen könnte. Um Jonny entstand ein leerer Raum, doch er bemerkte die Änderung kaum. Denn noch war es den anderen nicht gelungen, ihren Willen ganz durchzusetzen. Peter und Sammy kümmerten sich nicht um die Drohungen, die ihnen so bekannt waren wie allen anderen.
An Sammy wagte sich niemand heran. Das war schon immer so. Vor ihm hatte man Respekt, der nichts mit seinen Muskeln zu tun hatte, die in keiner Rauferei erprobt worden waren. Er galt als ungemein klug, und man erkannte seine Überlegenheit neidlos an. Er hielt sich abseits, und man versuchte nicht, ihn in den Kreis zu ziehen.
Als eines Tages der Platz in der Berufsschule neben Jonny freiblieb, setzte Sammy sich zu ihm, und niemand widersprach. Sonst mischte sich Sammy nicht in das Geschehen ein, das er kaum zu bemerken schien. Er las, und das Leben, das er in seinen Büchern fand, schien ihn mehr zu fesseln als die Wirklichkeit ringsum.
Und auch Peter ließ man zunächst in Ruhe. Er genoß jene Duldsamkeit, die in kinderreichen Familien zumeist dem Jüngsten entgegengebracht wird.
Jonny war jetzt fast nur noch zum Essen und zum Schlafen im Heim. Gleich nach der Abendmahlzeit ging er zu Brigitte, und kam er zurück,

so war Peter mit stets gleichbleibender Anhänglichkeit zur Stelle. Jonny hatte Brigitte, er hatte Peter, die anderen vermißte er nicht.
Erhard war klug genug, den Namen des Mädchens lange Zeit zu meiden, um den Gedanken zu verwischen, der bei manchem doch noch vorhanden sein mochte, Erhards Verhalten sei von Eifersucht bestimmt. Aber er war unzufrieden. Die Sache lief noch nicht nach seinem Wunsch.
»Wir treten auf der Stelle«, meinte er mißmutig, als er mit einigen seiner Freunde im Marktcafé saß. »Der schwarze Knabe bemerkt anscheinend überhaupt nicht, daß er bei uns unerwünscht ist.«
Wulf grinste. »Das liegt daran, daß du nicht an alles denkst.«
»Wieso nicht?«
»Meinst du, er machte sich etwas aus der ganzen Geschichte? Daß die Überschrift ›Alle lieben Jonny‹ nicht mehr stimmt, das hat er sicher begriffen. Das schluckt er mühelos. Brigitte und Peter lieben Jonny, und das reicht ihm völlig aus. Dagegen müßtest du etwas unternehmen.«
»Hm«, Erhard nickte nachdenklich. »Du wirst wohl recht haben, ganz erstaunlich, wie gut du darüber nachgedacht hast. Warum nur?«
»Was heißt warum? Muß denn alles einen Grund haben?«
»Alles hat einen Grund. Und bei dir ist er auch klar. Dir ist es recht angenehm, jetzt unser Sänger zu sein. Man verdient immerhin ein bißchen Taschengeld, nicht wahr?«
Wulf antwortete nicht und versuchte, seine Verlegenheit hinter seinem Glase zu verstecken.
Erhard lächelte höhnisch. »Nur keine falsche Scham. Deine Gründe interessieren mich nicht. Aber deine Meinung ist interessant. Wir müssen überlegen, was sich tun läßt.«
Es fehlte nicht an Vorschlägen, und es dauerte nicht lange, bis man sich einig war.
Als sie gingen, rieb Wolfgang sich vergnügt die Hände und sagte: »Eigentlich ist mir der ganze Jonny so wurst wie der Bart von Maximilian dem Ersten. Aber dieser Sport macht mir Spaß. Endlich einmal etwas anderes in unserem langweiligen Laden.«
Seine Ansicht schien zugleich die der meisten anderen zu sein.

Am nächsten Morgen in der Frühstückspause geschah es seit Tagen zum erstenmal, daß einer aus Erhards Gruppe Jonny anredete. Zuerst freute sich Jonny darüber, denn er glaubte, es sei ein Anzeichen dafür, daß die anderen ihre Haltung aufgeben wollten, oder doch manche von ihnen. Doch die Frage, die Dieter ihm stellte, befremdete ihn:

»Hat Brigitte den Kasten Konfekt schon bekommen?«

»Welchen Konfektkasten?«

»Den sie bei der Wette gewonnen hat.«

»Ich weiß nichts von einer Wette.«

Dieter hob die Augenbrauen, als sei er sehr erstaunt. »Du weißt nicht? Dann bist Du wahrscheinlich der einzige im Betrieb, der nichts davon gehört hat. Das finde ich aber nicht anständig von deiner Brigitte. Sie hätte es dir doch wenigstens jetzt, nachdem sie es geschafft hat, erzählen können.«

Er wandte sich ab, als sei das Gespräch für ihn beendet, doch Jonny faßte seinen Arm und fragte: »Was hat sie geschafft?«

Dieter zierte sich. »Vielleicht sollte ich es dir lieber nicht sagen, wenn du noch keine Ahnung hast. Es würde dich vielleicht kränken.«

»Dein Zartgefühl ist überraschend, aber überflüssig.«

»Wie du willst. Also hör zu: Die Mädchen vom Büro haben damals beim Betriebsfest gewettet, welche von ihnen dich zu ihrem Freund machen würde. Die Siegerin sollte von den anderen eine große Schachtel Pralinen bekommen. Und Brigitte hat doch gewonnen. Hoffentlich hat sie die anderen mal von den Pralinen kosten lassen. Als Trostpreis, meine ich.«

Jonny wollte noch etwas fragen, aber die Pause war gerade vorüber, und er mußte an seinen Arbeitsplatz zurück. Daß Dieter zu Erhard hinüberblickte und grinsend ein Auge zukniff, bemerkte er nicht. Auch nicht die Blicke, die ihm zugeworfen wurden. Die Arbeit wollte ihm nicht mehr von der Hand gehen. Er hatte mit seinen Gedanken zu tun.

So war das also! Er hatte geglaubt, Brigitte hätte ihn gern, sie seien Freunde und vielleicht sogar noch etwas mehr. Und für sie war er ein Wettobjekt. Waren sie beisammen, so fühlte er sich wohl und geborgen, und sie fühlte nur den Triumph, ihren Kolleginnen zuvorgekommen zu sein. Er war für sie so etwas wie ein Siegeszeichen, wie eine Papierblume, auf die man auf dem Jahrmarkt schießt, um sie dann stolz als Zeichen des Erfolges am Rockaufschlag zu tragen. Er schämte sich.

Doch dann kamen ihm Zweifel. Konnte es denn überhaupt wahr sein, was Dieter behauptete? Er rief sich jeden Augenblick, den er mit dem Mädchen verbracht hatte, ins Gedächtnis zurück. Nein, es konnte doch gar nicht stimmen. Keine Schauspielerin hätte so vollendet täuschen können. Und doch, hatte es nicht schon beim Betriebsfest begonnen? Die rundliche Waltraud hatte als erste versucht, den Preis zu gewinnen. Sie war plump und ungeschickt gewesen. Auf ihre Weise konnte sie ihr Ziel nicht erreichen. Vielleicht hatte sie eine falsche Vorstellung von der Art der Freundschaft, die ein Junge in Jonnys Alter sich wünscht. Brigitte hatte es geschickter angefangen, und er war darauf hineingefallen.

Den ganzen Tag über ließen sich die Gedanken nicht mehr verdrängen, und als Jonny am Abend zum vereinbarten Treffpunkt ging, war er entschlossen, daß es das letzte Mal sein sollte. Doch als Brigitte ihm entgegenkam, schienen alle Worte, die er sich zurechtgelegt hatte, unpassend und falsch. Schweigend ging er neben ihr.

Das Mädchen beobachtete ihn ein Weilchen von der Seite und fragte endlich: »Was ist, Jonny? Ärger gehabt?«

Die Anteilnahme in ihrer Stimme reizte ihn. Heftiger als er beabsichtigt hatte, stieß er hervor: »Du hast deine Wette gewonnen, Brigitte. Nun brauchst du nicht mehr jeden Abend zu opfern, um so zu tun, als läge dir etwas an mir. Schade um die verlorene Zeit.«

Brigitte blickte ungläubig. »Willst du nicht erklären, wie du das meinst?«

Jonny gab hastig und sich in immer größere Erregung steigernd wieder, was Dieter ihm gesagt hatte. Er beobachtete dabei jede Miene in Brigittes Gesicht, doch es war keine Verlegenheit darin zu lesen und keine Beschämung, kein Schuldbewußtsein und kein Hohn. Es war vielmehr, als geriete sie in immer tieferes Staunen, und je länger Jonny sprach, desto deutlicher wurde das Nichtverstehen, und schließlich war da nur noch Unglaube und Verletztsein.

»Und das glaubst du wirklich?« fragte sie, als Jonny endlich schwieg.

»Muß ich's denn nicht glauben, wenn Dieter es sagt?«

»So, weil er es sagt, muß es die Wahrheit sein. Ist denn auch alles wahr, was sie in den letzten Wochen von dir erzählen? Du hast mir nichts davon gesagt, aber ich weiß doch, was seit Wochen im Heim geschieht. Alle wissen es. Und einem von denen glaubst du also mehr als mir?«

»Warum willst du denn, daß uns niemand sieht? Immer gehen wir hier über abgelegene Wege. Du willst dich eben nicht mit mir zeigen, nicht wahr? Wie heißt es doch in dem Lied, das sie jetzt dauernd singen? Zähl ja nicht voll, bin ja kein Mensch, ich bin nur ein Nigger. Gib es doch zu. Ich kann es dir nicht einmal übelnehmen.«

Brigitte blieb stehen, hielt Jonny an der Hand fest und sagte: »Hör zu, Jonny. Eigentlich müßte ich dich jetzt stehenlassen und heimgehen. Ja, das müßte ich. Ich sollte mich nicht von dir beschimpfen lassen. Nicht einmal von dir. Aber ich glaube einfach nicht, daß du das alles im Ernst meinen kannst. Du kommst dir vor wie ein gejagter Hase im Kessel, und nun glaubst du, alle Menschen seien Treiber oder Jäger. Vielleicht ginge es mir in deiner Lage auch nicht anders. Vielleicht, – man weiß das nie genau. Aber ich glaube, ich hätte mehr Vertrauen zu dir. Du hast eben zu wenig Gelegenheit gehabt, dich im Vertrauen zu üben. Was du eben gesagt hast, werde ich gleich wieder vergessen. Und am Samstagabend gehen wir ins Marktcafé. Einverstanden?«
»Am Samstagabend? Da tritt doch der Hellseher auf. Unsere halbe Belegschaft wird dort sein.«
»Schämst du dich etwa, dich mit mir sehen zu lassen?«
Nun lächelte Jonny wieder, und sie gingen weiter.
Später, als sie sich verabschiedeten, bat er: »Sei mir nicht böse, Brigitte.«
Das Mädchen tat erstaunt. »Böse? Warum? Hast du mir denn etwas getan?«
In den nächsten Tagen war es Jonny, als sei die Freundschaft mit Brigitte ein ganz neues Geschenk. Wie dumm war er gewesen, Dieter zu glauben. Aber wie leicht glaubt man das Schlechte, wenn man sich daran gewöhnt hat, die Existenz des Guten zu bezweifeln. Ein Dichter hat geschrieben: »Wir haben die Pflicht, jeden Menschen für gut zu halten, solange er uns nicht das Gegenteil beweist.« Aber es ist schwer, diese Forderung zu erfüllen, wenn man viel Mißgunst und wenig Güte erfahren hat. Mißtrauen, das reichliche Nahrung erhält, wuchert üppig, und ein Hund, der oft geschlagen wird, glaubt schließlich nicht mehr, daß es auch liebkosende Hände gibt.
Doch jetzt schämte sich Jonny seines Mißtrauens und empfand eine trotzige Freude, wenn er an den kommenden Samstag dachte.

Als Brigitte und er in das Marktcafé kamen, war der Raum schon fast gefüllt. Sie fanden einen Platz am Tisch eines älteren Ehepaares. Schräg gegenüber saßen an vier Tischen Lehrlinge des Heimes mit Freundinnen und Kameraden aus der Stadt.
Jonny bestellte zwei Eisbecher und beobachtete, daß drüben die Köpfe zusammengesteckt wurden.

»Du verwirrst Erhard und seine Gesellschaft«, sagte er und lächelte stolz Brigitte zu.
Das Mädchen war unruhig. »Sie haben irgend etwas vor.«
Und in diesem Augenblick rief Erhard auch schon: »Frau Wirtin!«
Die Frau mit der weißen Schürze ging lustlos an den Tisch Erhards. Sie schätzte es nicht, von so jungen Burschen herbeigerufen zu werden.
»Ja, was ist denn?«
»Schicken Sie doch bitte den Schwarzen hinaus.« Die Worte waren überall deutlich zu verstehen, und die meisten Gäste horchten erstaunt und interessiert, was sich da entwickeln mochte.
Die Wirtin verschränkte die Hände unter der Schürze und schüttelte den Kopf wie über einen dummen Scherz. »Wie stellen Sie sich das vor, junger Mann? Ich kann keinen Gast hinausschicken, solange er sich anständig benimmt.«
»Wir verkehren aber nicht in Lokalen, in denen Farbige geduldet werden.«
»Ich kann es nicht ändern.«
»Na schön, wie Sie wollen.« Erhard zuckte die Schultern und stand auf. Zugleich erhoben sich seine Freunde an den Nachbartischen, und wer nicht sofort begriff, dem gaben die anderen zu verstehen, wie er sich verhalten sollte. Mehr als zwanzig junge Leute verließen das Café.
Jonny beugte sich über seinen Eisbecher. »Wollen wir lieber gehen?« fragte er leise, aber Brigitte schüttelte den Kopf: »Nein, wir haben doch gar keinen Grund dazu.«
»Aber jetzt starren uns alle an, als seien wir Wundertiere.«
»Ich lasse mich leidenschaftlich gern anstarren.«
»Na schön, ich mich auch«, sagte Jonny lachend und löffelte die Sahne vom Eis.

Es zeigte sich wieder, daß in einer kleinen Stadt jeder alles weiß. Der Zwischenfall im Marktcafé wurde in zahllosen Gesprächen beredet und nach allen Seiten gedreht und gewendet, bis jede nur mögliche Richtung gewürdigt war. Die Meinungen waren geteilt. Ganz richtig fand es ja kaum jemand, was die jungen Leute da getan hatten, aber immerhin – eigentlich gehörte der farbige Junge wohl wirklich nicht hierher. Ihm konnte man freilich keinen Vorwurf machen. Niemand sucht sich seine Eltern aus. Aber mußte er sich denn unbedingt mit einem Mädchen zeigen –, und was war das überhaupt für ein Mädchen, das sich nicht scheu-

te, mit einem Schwarzen oder doch einem Halbschwarzen auszugehen? In der Großstadt sollte es so etwas ja häufiger geben. Man hatte davon gehört, und Jonnys Existenz bewies es zur Genüge. Aber hier, in der kleinen Stadt, sollte so etwas eigentlich unmöglich sein. So etwa sagten die meisten, wenn es auch Gradunterschiede der Zustimmung gab.
Wenn aber jemand am Wirtshaustisch sagte, er verstünde den ganzen Lärm nicht, Jonny sei ein Mensch wie alle anderen und könnte ein Mädchen haben wie die meisten jungen Leute, so schüttelten andere den Kopf und meinten, ganz so sei es denn wohl doch nicht. Es gäbe gewisse Unterschiede zwischen Schwarz und Weiß, die man nicht übersehen dürfe. Und wenn der Gutgesinnte noch einmal widersprach, so fragte jemand mit deutlicher Mißbilligung in der Stimme: »Oder möchtest du etwa einen Farbigen zum Schwiegersohn haben?« Nein, niemand wollte das, denn das ginge selbstverständlich zu weit. Wenn ein Mischling auch ein Mensch sei –, ein kleiner Abstand müsse nun einmal bleiben. Das sei schon von der Natur so eingerichtet. Warum hätte sie wohl verschiedenfarbene Menschen hervorgebracht, wenn sie nicht wollte, daß die Arten hübsch getrennt blieben?
Die vielen Gespräche an ungezählten Stamm- und Familientischen führten nicht etwa dazu, daß Jonny plötzlich abgelehnt worden wäre. Aber man erinnerte sich wieder daran, daß er ein Fremder war. In den letzten Monaten war das ein wenig in Vergessenheit geraten.
Die Gelegenheit, daran erinnert zu werden, ergab sich jetzt häufiger; denn seit dem Zwischenfall im Marktcafé waren Brigitte und Jonny oft in den Straßen der Stadt zu sehen. Sie trafen sich nicht mehr an Orten, an denen sie damit rechnen konnten, ungesehen zu bleiben. Jetzt war es Jonny, der bisweilen vorschlug, lieber die stillen Wege zu wählen. Brigitte hingegen wollte seit jenem Abend keine Gelegenheit versäumen, sich mit Jonny zu zeigen. Das mochte seinen Grund darin haben, daß die häßliche Begebenheit ihren Trotz wachgerufen hatte, war zugleich aber auch wohl ihrem Wunsche zuzuschreiben, dem Freunde zu beweisen, daß sie wirklich zu ihm stand, nicht weniger fest als der kleine Peter, von dem Jonny jetzt so oft und so froh erzählte.
Ja, Peter hielt noch immer aus, doch eines Tages fand es Erhard an der Zeit, auch an ihm seine Macht zu erproben.
Peter saß allein im Zimmer und las den Brief, den er heute von seiner Mutter bekommen hatte. Er wandte den Kopf nicht, als in seinem Rükken die Tür geöffnet wurde. Es konnte nur Jonny sein. Sonst kam ja

niemand mehr in ihr Zimmer. Erst als ihm eine Hand auf die Schulter gelegt wurde, blickte er auf und wunderte sich, was Erhard und sein ständiger Begleiter Wulf von ihm wollten.
»Guten Abend, Peter. Wir möchten uns ein Weilchen mit dir unterhalten. Du hast doch nichts dagegen, nicht wahr?« Beide zogen Stühle heran und setzten sich zu dem erstaunten und beunruhigten Jungen.
»Du tust uns nämlich leid«, fuhr Erhard fort. »Es ist doch sicher schrecklich, dauernd so allein zu sein wie du. Kein Mensch ist sonst im Zimmer.«
»Jonny wohnt auch hier.«
»Der zählt nicht mit.«
»Für mich schon.«
»So, tut er das? Ich nehme an, das wird sich ändern. Sehr bald sogar.«
»Ich wüßte nicht weshalb.«
»Weißt du nicht? Ich will es dir erklären. Wir wollen deinen Jonny nicht, verstehst du? Je schneller er das begreift, desto besser ist es. Und er wird es viel schneller merken, wenn er weiß, daß alle gegen ihn sind. Alle, also auch du.«
»Ich bin aber nicht gegen ihn. Mir hat er keine Freundin weggeangelt.«
»Red nicht über Dinge, von denen du nichts verstehst. Es geht hier nicht um ein Mädchen, sondern darum, daß wir nicht länger mit einem Neger zusammenleben wollen. Und wir werden uns durchsetzen, das kannst du mir ruhig glauben.«
»Und was hat das mit mir zu tun?«
»Du störst uns, und das wirst du künftig bleiben lassen. Du wirst deine Siebensachen packen und in ein anderes Zimmer ziehen. Mehr verlangen wir nicht von dir.«
»Ich bleibe, wo ich bin. Mir gefällt es hier.«
Erhard lächelte belustigt: »Du tust, als hinge das von dir ab. Das ist vielleicht tapfer, aber bestimmt unvernünftig. Das begreifst du sicher selbst noch, du bist ja ein vernünftiger Bursche. Also paß auf: jetzt ist es halb sechs. Kluge Kinder können in vierundzwanzig Stunden eine Menge denken. Wir lassen dir also bis morgen um halb sechs Zeit. Bis dahin wirst du es dir sicher überlegt haben. Warum solltest du dich zu etwas zwingen lassen, wenn du es auch freiwillig tun kannst, nicht wahr?«
»Ich werde mir nichts überlegen, und ich werde mich auch zu nichts zwingen lassen.«

»Donnerwetter, du bist ja ein Mordskerl! Aber die vierundzwanzig Stunden sind noch lang. Vielleicht denkst du doch lieber erst nach, bevor du heldenmütige Erklärungen abgibst. Bis morgen also.« Er schob den Stuhl zurück, und auch Wulf, der die ganze Zeit über geschwiegen hatte, stand auf. Sie gingen hinaus.

Die Drohung war deutlich genug gewesen, und doch fühlte Peter sich kaum beunruhigt. Wie konnten sie ihn zwingen, wenn er nicht wollte? Er erzählte Jonny nichts von dem sonderbaren Besuch, und am nächsten Morgen dachte er kaum noch an Erhards Aufforderung.

Pünktlich um halb sechs wurde er daran erinnert. Diesmal hielt sich Erhard nicht mit freundlichen Worten auf. »Die vierundzwanzig Stunden sind um, und ich sehe nicht, daß du deine Sachen packst. Pech. Für dich, meine ich. Die Schonzeit ist vorbei. Freiwillig wolltest du nicht, jetzt werden wir dich zwingen. Du mußt zugeben, daß wir viel Geduld mit dir hatten. Wollen wir wetten, daß du es keine drei Tage mehr hier aushalten wirst? Die Luft ist nicht gesund für dich.«

Er schlug die Tür hinter sich zu. Peter merkte, daß seine Finger zitterten. Das ärgerte ihn. Warum war er denn aufgeregt? Es konnte ihm doch nichts geschehen. »Gegen mich können sie doch gar nichts haben«, dachte er. »Ich bin doch weiß.« Doch als ihm dieser Gedanke bewußt wurde, erschrak er und schämte sich. Fing es denn bei ihm auch schon so an, daß er meinte, die Farbe schüfe einen Unterschied?

Gegen neun streckte jemand den Kopf zur Tür herein. »Peter, du sollst zu Frau Herbst kommen. Sie ist auf dem Hof.«

»Jetzt noch? Was will sie denn?«

»Das hat sie nicht gesagt. Vielleicht hast du wieder etwas unten liegen lassen.«

Peter ging hinunter. Es war schon dunkel. Von Frau Herbst war nichts zu sehen. Doch plötzlich . . . »Was wollt ihr denn von mir?« rief Peter.

Als er zehn Minuten später wieder in sein Zimmer kam, sah ihn Jonny, der inzwischen nach Hause gekommen war, erschrocken an: »Was ist dir denn geschehen, Peter?«

Peter versuchte, mit dem Handrücken das Blut aus dem Gesicht zu wischen. »Nichts. Was soll denn geschehen sein?«

»Du siehst nicht so aus, als kämst du vom Veilchenpflücken.«

»Ich habe mich gestoßen.«

»Das glaubt dir jeder. Die Nase hast du dir blutig gestoßen, das Auge hat

etwas abbekommen, dein Hemd ist zerrissen. Na los, erzähl schon. Wer hat dich verprügelt und warum?«
Peter schluckte: »Das geht dich nichts an.«
Jonny trat dicht vor den Kleinen. »Los red schon. Wer hat dich verprügelt? War es meinetwegen? Ich will es wissen.«
Peter holte Seife und Handtuch aus dem Schrank. »Es geht dich nichts an, Jonny. Und selbst wenn es deinetwegen gewesen wäre, ginge es dich nichts an. Vielleicht macht es mir Spaß, mich verprügeln zu lassen. Jedenfalls ist es meine Sache.«
Er mühte sich, seiner Stimme Festigkeit zu geben, doch er fürchtete sich vor dem nächsten Abend. »Bis morgen«, hatten sie gesagt, als sie ihn endlich laufen ließen.
Was sollte er tun? Nachgeben und ausziehen? Jonny allein zurücklassen? Nein, das ging doch nicht. Zu Frau Herbst gehen und ihr erzählen, was sich zugetragen hat? Er sträubte sich dagegen, etwas zu tun, was alle für schimpflich hielten und er auch. Sich morgen wieder prügeln lassen?
Am nächsten Abend schlugen sie nicht nur mit Fäusten auf ihn ein, und als er endlich auf dem Bett lag, die Zähne in das Kopfkissen gekrampft, weil er nicht vor Schmerzen und vor Wut heulen wollte, kam Erhard.
»Nanu?« fragte er. »Hat dir jemand etwas getan? Wer kann das nur gewesen sein? Und dein schwarzer Freund konnte dich nicht beschützen? Wenn du zu uns gehörtest, könnte dir das nicht passieren. Na ja, du überlegst dir das ja noch, nicht wahr? Du merkst schon: es ist uns sehr an deiner Freundschaft gelegen. Wir werben um dich.«
Peter hielt das Gesicht abwärts und rührte sich nicht. Der andere ging hinaus. Jonny erfuhr nichts von dem, was geschehen war.
Am nächsten Tag zeigte Wulf in der Lehrwerkstatt eine Hundepeitsche herum. »Wer damit geprügelt wird, der merkt wenigstens etwas davon.« Dabei sah er Peter wie zufällig an und verzog das Gesicht, als wollte er lächeln.
Beim Abendessen sah Peter die Hundepeitsche neben Wulfs Teller liegen. Später ging Wolfgang mit der gleichen Peitsche auf dem Gang an ihm vorbei und ließ sie spielerisch durch die Luft sausen.
Peter saß allein am Tisch. Alles in ihm flackerte vor Angst. Was sollte er nur tun? Er versuchte, darüber nachzudenken, aber die Furcht ließ ihn nicht dazu kommen.
Und dann ging die Tür auf. Fünf Jungen schoben sich herein. Wulf und

Wolfgang trugen Peitschen. Peter sah sie mit weit aufgerissenen Augen an. Sie blieben an der Tür stehen und blickten gelangweilt über ihn hinweg.
»Du hast noch fünf Minuten Zeit,« erklärte Wulf gleichgültig.
Da stand Peter auf, ging zum Bett und begann, die Wäsche abzuziehen.
»Nanu? Du wirst vernünftig?« meinte Wolfgang staunend. »Schade, daß du nicht schon vorgestern darauf gekommen bist. Heute verlangen wir schon ein wenig mehr. Aber das kann ich dir nachher erklären. Soll ich dir helfen, deine Sachen hinüberzutragen?«
Der Umzug ging schnell vonstatten. Als Jonny heimkam, sah er das verlassene Bett, den ausgeräumten Schrank, dessen Tür offen stand, die leeren Fächer. Trotz war seine erste Reaktion. Doch Trotz ermüdet schnell, wenn er auf so dünnem Boden steht, wenn er nur Ersatz für ein anderes Gefühl ist, dem es nicht an Nährboden fehlt.
Nun also auch Peter. Jonny setzte sich auf sein Bett, stützte die Ellenbogen auf die Knie, das Kinn in die Hände. So war das also, wenn man ganz allein war. Bisher war doch noch Peter dagewesen, und das Gefühl, verlassen zu sein, kann nicht aufkommen, solange es noch einen lebenden Gegenbeweis gibt, es zu verdrängen. Aber jetzt?
Ohne sich auszukleiden, legte er sich und starrte an die Decke, ohne sie zu sehen und ohne, daß ihm die eigenen Gedanken bewußt wurden. Immer wieder schaute er zu Peters Bett hinüber, von dem der vergessene Matratzenschoner herabhing wie eine traurige Fahne der Kapitulation. Es hätte Jonny gutgetan, sich in Zorn gegen Peter hineinsteigern zu können. Aber um zornig zu sein, braucht man Kraft. Und statt der Gedanken der Anklage kamen stets nur solche, die den Freund verteidigen wollten. Es war ja nicht schwer, sich vorzustellen, wie alles gekommen war.
Er sah, daß an der Schranktür noch das Bild von Peters Eltern und Geschwistern befestigt war. Er stand auf und nahm das Foto vorsichtig ab. Das mußte Peter bekommen. Er brauchte es doch.
Aber am nächsten Morgen saß Peter nicht mehr an seinem gewohnten Platz, sondern neben Wulf und blickte kein einziges Mal zu Jonny hinüber. Nur in der Werkstatt stand er wieder neben dem Freund, und Jonny legte wortlos das Foto an seinen Platz.
»Danke«, sagte Peter und sah nicht auf. »Du, Jonny, ich . . .«, doch in diesem Augenblick räusperte sich Erhard, Peter blickte erschrocken zu

ihm und sprach nicht weiter. Er wurde rot und schob sein Werkstück ein wenig zur Seite, damit er Jonny beim Arbeiten den Rücken kehren konnte.

Als alle ins Heim hinübergingen, blieb Jonny zurück, weil er an der Reihe war, die Werkstatt zu fegen. Zehn Minuten später fand er fast alle Lehrlinge am schwarzen Brett versammelt, an dem noch immer wie zum Hohn die Reportage hing. Jonny wollte an den anderen vorbeigehen, denn das Mittagessen stand sicher schon auf dem Tisch, doch sie verstellten ihm den Weg, als er gerade vor der Anschlagtafel angekommen war, und im gleichen Augenblick wurde Peter aus dem Gedränge der anderen geschoben. Er schob die Finger unter die Zeitschriftenseiten und fetzte sie herunter. Für ein paar Sekunden hielt er das zerrissene Papier in der Hand, dann knüllte er es zusammen und warf es auf die Erde. Gerade vor Erhards Füße. Dann wandte er sich um, drängte heftig durch die Reihen der anderen und lief aus dem Haus. Jonny konnte für einen Augenblick das Gesicht des Jungen sehen und die Tränen, die darüberliefen.

Was hier geschehen war, kränkte Jonny nicht mehr. Man hatte die Aufschrift »Alle lieben Jonny« vom schwarzen Brett entfernt. Na ja, das war nur recht, denn auch Anschläge sollen nicht lügen. Dazu hätten sie sich nicht alle zusammendrängen müssen, als gäbe es etwas Besonderes zu erleben. Jonny wunderte sich ein wenig, daß niemand sich zu schämen schien. Aber vielleicht dachte niemand daran, daß sie sich schon einmal um die Anschlagtafel gedrängt hatten, als der Artikel, der nun als unansehnliches Papierknäuel auf der Erde lag, gerade erschienen war. Sie hatten ihm damals vor Freude fast das Schlüsselbein zerschlagen, und es hatte nicht viel gefehlt, so hätten sie um die Nummer der Zeitschrift gerauft, weil der Vorrat, den Peter beschafft hatte, nicht für alle reichte. Ob wirklich niemand mehr daran dachte?

Wohl doch. Jonny verzog die Mundwinkel und blickte ganz langsam einen nach dem anderen an. Ein paar hielten seinem Blick stand und triumphierten. Andere blickten zur Seite, als sei ihnen nicht ganz behaglich zumute, und drei oder vier gingen bereits davon. Vielleicht fühlten die, welche Gemeinheit hier begangen worden war. Nicht einmal gegen Jonny. Aber gegen Peter.

Beim Mittagessen fehlte Peter, und bei der Arbeit am Nachmittag hielt er den Blick ständig gesenkt. Er war blaß, und in seinem Gesicht zuckten Unruhe, Scham und Angst.

Nach Feierabend ging Jonny in die Buchhandlung und kaufte ein Buch, von dem er wußte, daß Peter es sich wünschte. Am nächsten Morgen legte er es auf dessen Arbeitsplatz. Peter nahm es, blickte flüchtig zu Jonny hinüber und hätte gern gelächelt. Es gelang ihm nicht. Er verbarg das Buch hastig in seiner Schublade und hoffte, daß Erhard den Vorgang nicht beobachtet hätte.
Sammy hatte ihn beobachtet und schüttelte den Kopf. Während der Pause setzte er sich zu Jonny. »Wie kommst du eigentlich darauf, dem Peter etwas zu schenken? Hältst du es für richtig, ihm nachzulaufen, wie ein verlassener Liebhaber seinem Mädchen?«
»Das ist doch wohl meine Sache, wie?«
»Durchaus. Ich wollte dir ja auch nur sagen, daß du dich irrst. Freundschaft kann man nicht kaufen, Jonny. Man kann sie nur verdienen und nichts dazu tun, daß sie der andere ebenfalls verdient. Geschenke können nichts kitten, wenn einer bewiesen hat, daß er eben doch kein Freund ist.«
Jonny winkte ab. »Und ich habe bisher geglaubt, du überlegtest immer genau, bevor du etwas sagst. Ich habe es doch gar nicht nötig, Peters Freundschaft zu kaufen. Er ist doch mein Freund.«
»Gestern am schwarzen Brett sah es nicht so aus.«
»Gerade da sah es so aus. Und wenn ich ihn nicht schon vorher gern gemocht hätte, so wäre er seit gestern mein Freund, verstehst du das? Ich will ihm doch nur helfen. Er soll wissen, daß ich ihm nichts übelnehme. Er hat einfach Angst, und dafür kann er doch nichts. Es ist eben gefährlich, etwas mit mir zu tun zu haben. Vielleicht nehmen sie dich als nächsten vor.«
»Das glaube ich nicht«, wehrte Sammy ab, aber er fühlte sich dabei nicht sicher.
Dieses Gefühl von Unsicherheit beherrschte nicht nur ihn. Es entsteht überall, wo etwas aus den Geleisen gerät, es steigert sich, wo man zum Zeugen von Terror wird. Es ist noch nicht Angst für den, der sich nicht persönlich betroffen zu fühlen braucht, aber es birgt in sich schon den Keim der Angst, die Ahnung, daß der Wirbel auch den erfassen könnte, der abseits zu stehen meint. Und im Grunde steht niemand abseits. Der Platz, den ein Mensch in einer Gruppe einnimmt, in der ein Zwiespalt ausgebrochen ist, kann weiter oder näher vom Zentrum des Kreises entfernt sein. Aber immer wird eine Entscheidung gefordert. Immer gilt es, die eigene Stellung im Konflikt zu erkennen. Ein Ausweichen gibt es

nicht, und wer meint, in der Neutralität beharren zu können, versucht damit nur – er mag es nun wissen oder nicht –, sich seiner Pflicht zu entziehen, der Pflicht nämlich, ein Mensch zu sein, der seine Vernunft gebraucht und von ihr zu Schlüssen geführt wird, die sein Handeln bestimmen. Erst wer sich entschieden hat, wird von der Unruhe frei.

Frau Herbst machte sich seit langem Gedanken, aber sie kam zu keinem Schluß. Sie mochte Jonny gern, und seit er so heftig befehdet wurde, tat er ihr leid. Wie es ihr möglich gewesen wäre, etwas an der Situation zu ändern, wußte sie nicht. Sie wußte nur, daß sie für Ruhe und Ordnung im Lehrlingsheim verantwortlich war, und daß im Augenblick weder von Ruhe noch von Ordnung die Rede sein konnte. Diese Tatsache beschäftigte sie so sehr, daß sie zufrieden war, Herrn Simons zu begegnen. Auf dem Werkhof hielt sie ihn an.

»Sagen Sie nur, Herr Simons, was ist mit unseren Lehrlingen los? Man kommt sich vor wie auf einem Vulkan. Kein schönes Gefühl.«

Der Lehrausbilder nickte. »Vielleicht ist es in meiner Werkstatt nicht ganz so schlimm wie im Heim. Aber mir gibt dieser Jonny auch genug zu beißen. Es darf nicht so weiter gehen. Die Arbeit leidet darunter. Wo die menschlichen Beziehungen so gestört sind wie jetzt bei uns, kann von gemeinsamem Lernen nicht mehr die Rede sein. Dieser Mischling macht es mir unmöglich, das zu tun, wofür ich hier angestellt bin.«

Die Heimleiterin hob unentschlossen abwehrend die Hand. »Eigentlich ist doch wohl nicht Jonny der Schuldige. Er tut doch nichts, um die anderen zu reizen. Er benimmt sich völlig einwandfrei.«

»Das ist schon möglich. Aber es geht doch gar nicht um Jonny. Es geht einfach um einen Mischling. Ob der sich nun einwandfrei verhält oder nicht, ist ohne Belang. Die anderen Jungen wollen eben keinen Fremden dulden. Schwarz und Weiß – das paßt nicht zusammen. Ich verstehe die Jungen.« Und dann fügte er fast hastig hinzu: »Wenn ich auch selbstverständlich nicht billige, was sie da anstellen.«

»Eben«, bestätigte Frau Herbst eifrig. »Man kann das nicht gutheißen. Man muß etwas dagegen tun, nicht wahr, Herr Simons?«

»Ich glaube, Sie machen sich falsche Vorstellungen. Es ist nicht mehr möglich, normale Verhältnisse herzustellen, wenn es nicht die alten Verhältnisse sind.«

»Wie meinen Sie das?«

»Jonny muß weg.«

»Das wäre ungerecht. Jonny hat doch gar keine Schuld.«

»Haben Sie in den vergangenen Jahren jemals einen solchen Wirrwarr in Ihrem Heim gehabt?«
»Nein, nie.«
»Na, sehen Sie. Erst mit diesem Jonny ist die Unruhe hier eingezogen. Wäre er nicht mehr da, würde sie wieder verschwinden. Schuldig oder unschuldig, er ist jedenfalls die Ursache der Unruhe, und diese Ursache muß beseitigt werden. Es bleibt doch gar keine andere Wahl.«
Frau Herbst blickte ratlos. Sie war nicht überzeugt, aber was der Meister sagte, klang doch ganz folgerichtig. Es fiel ihr nicht auf, daß seine Worte eben nicht folgerichtig waren, und es ist gut möglich, daß auch Herr Simons nicht verstand, daß Jonny zwar der Gegenstand war, um den die Unruhe kreiste, nicht aber ihre Ursache. Die wirklichen Gründe waren nicht so greifbar, waren nicht körperlich, und man übersieht leicht, was sich dem Auge nicht anbietet, man forscht nicht, wenn alles deutlich scheint.
Herr Simons bemerkte, daß seine Worte die Frau beeindruckt hatten. »Tja«, sagte er seufzend, »es hilft nicht viel, daß wir uns darüber einig sind, was getan werden müßte. Die Sache wird dadurch schwierig, daß Herr Willnow diesen Jonny besonders ins Herz geschlossen zu haben scheint und über ihn wacht wie eine Glucke über ihre Küken.«
»Sie übertreiben. Wenn das wirklich so wäre, dann hätte sich der Direktor doch in den letzten Wochen einmal um den Jungen gekümmert.«
»Vielleicht haben Sie recht. Wir müßten mit ihm sprechen.«
»Ich habe auch schon daran gedacht. Ich werde es mir überlegen.«
»Was gibt es da noch zu überlegen? Gehen wir doch gleich zum Chef. Jeder Tag, den wir noch abwartend verstreichen lassen, läßt unsere Arbeit schwieriger werden.«
Frau Herbst stimmte zu, obwohl ihr schien, als gäbe es noch recht viel zu bedenken. Doch Herr Simons strebte bereits dem Hauptgebäude zu, und sie folgte ihm.
Direktor Willnow empfing sie sofort und sagte, noch während er sich setzte: »Sie kommen wegen dieses Jonny Kraus, nicht wahr?«
»Ja«, erklärte Meister Simons. »Wir behelligen Sie nicht gern mit Lehrlingsangelegenheiten, aber diesmal muß es wohl sein. Es darf nicht mehr so weitergehen.«
Herr Willnow bestätigte: »Ich habe mir selbst schon Gedanken darüber gemacht, und ich habe allen Grund dazu.« Er suchte in einem Stapel von Papieren, die auf seinem Schreibtisch lagen, und zog zwei Briefe daraus

hervor. »Bisher habe ich geglaubt, die Sache erledigte sich von selbst, aber sie zieht weitere Kreise, als mir lieb ist. Sehen Sie, diese Briefe kommen von Lehrlingseltern. In beiden wird berichtet, daß die Söhne sich im Heim nicht mehr wohlfühlen, weil ständiger Streit mit unserem Jonny sei. Der eine Vater verlangt kurz und bündig, wir sollten den Mischling entfernen. Es sei den anderen Jungen nicht zuzumuten, mit ihm zusammenzuleben. Der Herr läßt sogar durchblicken, Jonnys Lebenswandel sei ein schlechtes Beispiel für seinen Sohn.«

Frau Herbst widersprach zaghaft: »Das glaube ich eigentlich nicht . . .«

Herr Simons unterbrach sie: »Immerhin ist er Abend für Abend mit einem Mädchen unterwegs und kommt erst spät nach Hause.«

»Schon richtig, aber es ist doch verständlich, daß er sich so wenig wie möglich im Heim aufhalten will.«

Auch das ließ der Meister nicht gelten. »Es gibt eine Polizeiverordnung zum Schutze der Jugend, und wir sind unter anderem auch dafür verantwortlich, daß unsere Lehrlinge sie nicht übertreten.«

»Haben Sie sich Gedanken darüber gemacht, was wir unternehmen könnten?« fragte der Direktor, und der Lehrmeister nickte eifrig.

»Gewiß. Frau Herbst und ich sind der Meinung, daß nichts anderes übrigbleibt, als Jonny Kraus aus dem Betrieb zu entfernen. Auf andere Weise läßt sich die Ruhe nicht wieder herstellen. Ich hätte das gern schon vor längerer Zeit vorgeschlagen, aber ich wollte nicht allein zu Ihnen kommen, um mich nicht dem Vorwurf auszusetzen, ich hätte etwas gegen den Jungen. Mir scheint, daß Sie das manchmal geglaubt haben, Herr Direktor.«

»Das wäre zuviel gesagt. Ich habe Sie nur niemals sonderlicher Sympathien für den Jungen verdächtigt.«

»Ihre Bedenken haben sich gewiß nicht auch auf Frau Herbst erstreckt, und sie ist völlig meiner Meinung.«

»Ja, ja, ich glaube wohl, daß Herr Simons recht hat«, bestätigte die Heimleiterin, ohne davon überzeugt zu sein.

»Sie erwarten also von mir, daß ich einen Lehrling vor die Tür setze. Ich verstehe auch, daß Ihnen dieser Ausweg als der beste erscheint. Er macht am wenigsten Mühe. Aber Sie verkennen die Schwierigkeiten. Selbstverständlich würde ich Ihrem Rat gern folgen. Mißstimmungen sind wie Sand im Getriebe eines Werkes. Aber es geht nicht so, wie Sie es sich vorstellen.«

»Ich weiß«, meinte Simons nickend, und sein Lächeln war nicht ohne Spott. »Sie haben Ihre Pläne mit dem Jungen.«
»Sie irren. Was ich erreichen wollte, das habe ich erreicht. Jonny sollte etwas für unsere Werbung hergeben, das hat geklappt. Auf diesem Gebiet haben wir keinen sonderlichen Vorteil mehr durch ihn zu erwarten, und ich habe also keinen Grund, besonders große Rücksicht auf ihn zu nehmen. Aber ich habe einen Lehrvertrag unterschrieben. Das Vierteljahr, in dem es leicht gewesen wäre, ihn zu lösen, ist längst vorbei. Jetzt müßte ich einen sehr triftigen Grund haben, um etwas unternehmen zu können.«
»Glauben Sie nicht, daß es daran längst nicht mehr fehlt?«
»Ich sehe keinen Grund, der ausreichend wäre. Daß die anderen gegen ihn sind, ist kein ernsthaftes Argument. Es bleibt uns nichts übrig als abzuwarten. Vielleicht geschieht etwas, um uns eine Handhabe zu geben. Lieber wäre es mir, wenn es nicht so weit käme. Und von Ihnen erwarte ich, daß Sie all Ihren Einfluß geltend machen, um die Unruhe endlich zu beseitigen. Ich habe den Eindruck, es hätte nicht so weit kommen müssen, wenn Sie den Anfängen gewehrt hätten. Und jetzt entschuldigen Sie mich bitte. Ich habe zu tun.«
Frau Herbst schien erleichtert, Herr Simons verstimmt, als sie das Büro verlassen hatten.
Die Frau meinte: »Eigentlich hat Herr Willnow ja recht«, aber Herr Simons winkte ärgerlich ab. »Er drückt sich einfach vor einer Entscheidung und versucht, uns die Schuld zuzuschieben.«
Aus der Werkstatt drängten gerade die Lehrlinge und hatten es eilig, ins Heim hinüberzukommen. Sie diskutierten eifrig. Erst zwei Minuten später kam Jonny. Er hielt den Blick gesenkt und ging fast zögernd, wie jemand im Dunkeln auf unbekannten Wegen geht.
Die Heimleiterin schüttelte müde den Kopf. »Ich fürchte mich fast, ins Haus zu gehen. Man fragt sich nicht mehr, ob etwas geschehen wird, sondern nur, was sie sich wohl wieder ausgedacht haben mögen.«
»Trösten Sie sich, Frau Herbst. Lange kann es nicht mehr dauern. Wenn die nicht aufgeben, dann gibt Jonny auf. Ich bin ziemlich sicher.«
Der untere Flur des Lehrlingsheimes war menschenleer, als Jonny ins Haus trat. Es fiel ihm auf, daß am schwarzen Brett wieder Fotos aus einer Illustrierten angeschlagen waren. Er blieb stehen, um sie zu betrachten.
Die Zeitschrift, aus der die Bilder entnommen waren, mußte schon ei-

nige Jahre alt sein. Jonny erinnerte sich, damals vom Schulstreik in Little Rock gelesen zu haben.
Da war ein junger Schwarzer zu sehen, der auf seinem Schulweg von zwei Polizisten begleitet wurde, damit ihn niemand hindere, das Schulhaus zu betreten.
Ein anderes Bild zeigte, wie weiße Jugendliche über ihre farbige Schulkameradin herfielen, um ihr zu beweisen, daß sie unerwünscht sei.
Es wurde berichtet, daß die Eltern weißer Schüler sich weigerten, ihre Kinder zum Unterricht zu schicken, solange sie gezwungen wären, mit farbigen Jungen und Mädchen in einem Raum zu sitzen.
Selbst der Gouverneur war machtlos.
Jonny betrachtete aufmerksam Bild um Bild und wußte genau, was die jungen Schwarzen von Little Rock erlitten, was sie denken, was sie fühlen mußten. Little Rock, das war irgendwo in Amerika, und es war auch hier, in einer kleinen deutschen Stadt. Da gab es keinen Unterschied.
Und die mühselig nach dieser Reportage gesucht hatten, wollten, daß es keinen Unterschied gäbe, denn sie hatten darüber geschrieben: »Die machen es richtig! Und wir?«
Es gehörte nicht viel Phantasie dazu, herauszufinden, was dieser Anschlag bezwecken sollte. Bisher hatte Erhard seinen Kampf gegen Jonny gewissermaßen auf Umwegen geführt. Das hier war das Signal zum Beginn der Gewalttätigkeit gegen den unliebsamen Hausgefährten.
Jonny dachte einen Augenblick daran, die Reportage einfach abzureißen, aber er tat es nicht, weil es ihm klüger schien, so zu tun, als habe er sie nicht bemerkt.
Als er aber in seinem Zimmer saß, dachte er noch einmal darüber nach. Hatte er nicht bisher bei allem, was geschehen war, getan, als bemerke er es nicht oder als berühre es ihn nicht? Schritt um Schritt waren die anderen vorwärts gekommen, und er hatte niemals Widerstand geleistet. Machte er es Erhard und seinen Leuten nicht zu leicht? Mußten sie sich nicht zu immer neuen Taten ermutigt fühlen? Gewiß, jetzt schienen alle auf Erhards Seite zu stehen. Doch wäre das nicht zu verhindern gewesen, wenn Jonny schon zu Beginn ebenfalls versucht hätte, eine Gruppe zu bilden?
Je länger er darüber nachdachte, desto mehr schien ihm, daß er zu einem nicht geringen Teil selbst die Schuld daran trug, daß er jetzt fast allein stand. Doch nun war es wohl zu spät, etwas daran zu ändern.
Oder nicht?

Gab es vielleicht noch eine Möglichkeit, diesen Ring der Ablehnung zu durchbrechen? Dieser Ring mußte ja schwache Stellen haben. Peter zum Beispiel. Aber gerade bei Peter wollte Jonny es nicht erproben. Gab es nicht genug andere, die Erhards Macht nicht so deutlich zu spüren bekommen hatten?

Der erste, der ihm begegnete, war Manfred, ein stiller, vernünftiger Bursche von sechzehn Jahren, der früher keinen besonderen Kontakt zu Jonny gehabt hatte und jetzt bei den Angriffen nie in Erscheinung trat.

Jonny hielt ihn auf dem Gang an. Er tat es schüchterner, unbeholfener, als es seiner Art entsprach, denn was er jetzt tun wollte, war beschämender als alles, was er je zuvor getan hatte. Er kam sich vor wie ein Bettler. Und daß er um nichts anderes als um ein wenig Menschlichkeit bitten wollte, machte die Sache noch viel schlimmer.

»Einen Moment, Manfred.«

Der andere ging erst weiter, als habe er nichts gehört, doch dann blieb er stehen und wandte den Kopf zurück: »Ja?«

Jonny ging ihm nach. »Manfred, was hast du eigentlich gegen mich?«

»Was soll ich gegen dich haben? Nichts.« Er blickte sich um, als wollte er sich vergewissern, daß niemand Zeuge dieses Wortwechsels wurde.

»Nichts? Warum hältst du dann zu den anderen? Findest du, daß sie recht haben?«

Manfred wurde rot und machte eine abwehrende Handbewegung. »Unsinn. Aber soll ich mich gegen die Mehrheit stellen? Dann würde es mir gehen wie deinem Peter, und dazu verspüre ich keine Lust.«

»Dann hat der kleine Peter also mehr Mut als du?«

»Du hast ja erlebt, wie weit ihm sein Mut geholfen hat.«

Es waren Schritte zu hören, und Manfred ging hastig weiter, um nicht im Gespräch überrascht zu werden.

Rolf kam. Jonny biß sich auf die Lippen. Wie klein man sich doch fühlen kann, wie jämmerlich. Trotzdem vertrat er dem anderen den Weg. »Du, Rolf . . .«

Der andere hob wie erstaunt die Augenbrauen und sagte: »Geh mir aus dem Weg, Nigger!«

Jonny war so überrascht, daß er wortlos zur Seite trat. Er lehnte sich an die Wand und fühlte, daß er zitterte.

Werner kam vorüber, einer der jüngsten, ein lustiger, feiner Kerl, der sich auch mit Peter angefreundet hatte. Jonny wollte ihm entgegentre-

ten, aber dazu reichte seine Entschlossenheit schon nicht mehr aus. Erst als der Lehrling schon an Jonny vorüberging, raffte er sich noch einmal auf: »Werner!«
Der blonde Junge blickte erst vorsichtig um sich. Diesen Blick über die Schulter kann man überall dort beobachten, wo Menschen sich unfrei fühlen. Dann blieb Werner zögernd stehen, einen Fuß vorgesetzt, als wolle er andeuten, daß er seinen Weg nur für ganz kurze Zeit unterbrechen könne.
»Entschuldige, Jonny«, sagte er mit unsicherem, schuldbewußtem Lächeln. »Ich darf nicht mit dir sprechen. Du weißt es ja. Nimm es mir nicht übel, ich kann es doch nicht ändern. Es wird ja auch einmal wieder anders werden. Peter meint das auch. Wir haben vorhin erst darüber gesprochen.«
»Schon gut«, meinte Jonny. »Grüß Peter von mir.«
»In Ordnung«, erwiderte Werner und ging weiter.
Jonny blieb noch ein Weilchen an der Wand stehen. Andere kamen vorüber, aber er versuchte nicht mehr, sie aufzuhalten. Er sah sie kaum. Er wußte nicht, wie lange er an der Wand gestanden hatte, wieviele an ihm vorübergegangen waren. Da war nur irgendein Gefühl in ihm, das keinen Namen hatte, und das sich dehnte und weitete, bis es jeden Winkel in Jonny auszufüllen schien. Er wischte mit den Fäusten über die Augen. Weinen? Das fehlte gerade noch. Man weint nicht. Und es wäre doch so gut, weinen zu können.
Als er endlich ging, um Brigitte zu treffen, war es wie eine Flucht.
Sie gingen durch das raschelnde Laub des beginnenden Herbstes, dann saßen sie auf einer Bank. Jonny schob mit den Fußspitzen ein paar Blätter hin und her, während er alles erzählte, was sich in den letzten Tagen zugetragen hatte. Sein Bericht war ruhig und sachlich, ohne Anklage, ohne Bitterkeit. Aber jedes Wort, jeder Tonfall verriet, daß kein Mut mehr in ihm war und keine Kraft.
Brigitte unterbrach ihn nicht. Sie schob nur ihre Finger in seine Hand.
»So kann man nicht mehr leben, Brigitte. Es geht einfach nicht. Ich habe immer geglaubt, man könne ohne alle anderen auskommen, wenn es sein müsse. Das war ein Irrtum. Man braucht die Menschen so dringend, wie man die Luft braucht. Man kann einfach nicht ohne das Gefühl auskommen, anerkannt zu werden. Wenn man von allen gemieden wird, kommt man sich schließlich selbst schlecht vor. Man glaubt nicht

mehr, daß alle anderen unrecht haben könnten. Sie dürfen sich nicht irren, die anderen, denn wenn es falsch ist, was sie tun, dann ist ja alles noch viel schlimmer. Ich weiß nicht, wie ich das noch aushalten soll.«
Brigitte versuchte, dem Freund zuzureden, aber während sie noch sprach, wußte sie schon, daß es nicht viel Sinn hatte.
»Du darfst einfach nicht daran denken.«
»Kunststück. Ich wohne im Heim. Ich arbeite in der Lehrwerkstatt. Ich esse im Speisesaal. Ich sehe Peters verlassenes Bett in meinem Zimmer. Nicht daran denken – wie macht man das? Ebensogut könntest du einem Fisch, der an Land geworfen worden ist, sagen, er solle nicht daran denken, daß er Wasser braucht, wenn er weiterleben will.«
»Es war dumm, was ich gesagt habe. Du hast recht. Aber du darfst nicht immer daran denken. Du mußt lernen abzuschalten. Wenigstens wenn wir beisammen sind. Komm, gehen wir tanzen, das bringt dich auf andere Gedanken.«
»Ich habe nicht viel Lust, weißt du.«
»Aber ich. Tu mir den Gefallen.«
»Na schön. Wo kann man denn heute überhaupt tanzen?«
»Im Marktcafé.«
»Gehen wir.«
Während sie Arm in Arm dem Markt zugingen, fühlte sich Jonny fast wohl. Brigitte hatte recht. Man mußte abschalten können. Tanzen – an nichts anderes denken als an Brigitte. Sie waren vor dem Marktcafé angelangt und hörten die Musik.
»Schön wird's«, sagte Brigitte, während Jonny die Tür öffnete und dann voranging.
Die Wirtin stand gerade in der Nähe des Eingangs und wandte sich den neuen Gästen zu. Als Jonny den Regenmantel auszog, sprach sie ihn an:
»Entschuldigen Sie, junger Mann«, und sie drehte verlegen an der Schürze, wie es schüchterne kleine Mädchen tun, »entschuldigen Sie vielmals, aber es sind eine ganze Menge junger Leute aus dem Werk drinnen.«
»O, die stören mich nicht«, meinte Jonny abwinkend.
»Nein, nein, das glaube ich schon«, druckste die Wirtin. »Aber, sehen Sie, die jungen Leute werden gehen, wenn Sie hereinkommen. Ich bin eine Geschäftsfrau und muß an den Umsatz denken.«
»Sie wollen mich also nicht hineinlassen?«

»Ich habe ja gar kein Recht dazu, Sie abzuweisen. Aber lieber wäre es mir schon, wenn Sie . . . das müssen Sie doch verstehen.«
»Und ob«, sagte Jonny, zog den Mantel, den er schon halb abgelegt hatte, wieder an, wünschte freundlich einen guten Abend und ging hinaus. Brigitte folgte ihm. Draußen lehnte sich Jonny an den Pfahl einer alten Straßenlaterne. Das Mädchen stand mit gesenktem Kopf vor ihm und nestelte sinnlos an ihrem Gürtel.
Erst als Jonny zu lachen begann, blickte sie auf. Er lachte erst zögernd und bitter, doch dann wurde sein Gelächter lauter. »Gar nicht daran denken!« höhnte er. »Einfach abschalten, wie beim Radio. Knips – und alles ist vorbei!« Es schien, als habe er keine Möglichkeit, dieses Gelächter zu unterdrücken, als habe es ihn mit einer Gewalt gepackt, der er sich nicht entziehen konnte.
»Jonny!« sagte Brigitte. »Hör auf, Jonny.« Er hörte es nicht, und erst als sie ihn mit beiden Fäusten am Mantel packte und anschrie: »Du sollst aufhören, sage ich!« brach das Lachen unvermittelt ab, und zugleich ließ Jonny die Schultern fallen, daß es schien, als sei er plötzlich ganz klein geworden und ganz hilflos.
»Komm«, sagte Brigitte. Er ging neben ihr wie blind und wischte nicht einmal mehr mit den Fäusten über die Augen. Warum sollte er sich noch schämen? Es war doch schon alles gleichgültig, da kam es auch auf ein paar Tränen nicht mehr an. Warum soll man sich mühen, erwachsen zu scheinen, wenn man sich hilflos fühlt wie ein verlassenes kleines Kind?
Sie kamen wieder zu der Bank und setzten sich. Lange Zeit sprachen sie nicht. Was gab es da noch zu sagen? Ein paar welke Blätter taumelten zur Erde. Eines fiel Brigitte in das Haar. Jonny nahm es vorsichtig und spielte damit.
Endlich sagte Brigitte: »Ich weiß jetzt, was wir tun müssen. Ich werde mit meinen Eltern sprechen. Du mußt aus diesem Heim heraus. Wir haben im Dachgeschoß ein kleines Zimmer. Man könnte es so einrichten, daß du bei uns wohnen kannst.«
»Das geht doch nicht, Brigitte. Deine Eltern werden nicht damit einverstanden sein.«
Sie lächelte: »Eine traurige Tochter muß das sein, die ihren Vater nicht zu allem überreden kann. Und Mutti hat bestimmt nichts dagegen. Sie mag dich doch fast so gern wie ich. Nein, verzieh nicht das Gesicht – ich hab dich natürlich noch viel lieber.«
»Schön wär's«, nickte Jonny. »Viel zu schön, als daß es wahr werden

könnte. Aber ich freue mich ja schon, daß du daran gedacht hast. Wenn du nicht wärst, wüßte ich überhaupt nicht mehr, was ich tun sollte. Vielleicht ginge ich dann doch zu dem Turm, weißt du, zu dem Turm, an dem die Sonnenschirme stehen.«

»An so etwas darfst du überhaupt nicht denken, Johnny.«

»Brauche ich ja auch nicht, solange ich dich habe.«

Es wurde kühl. Sie beschlossen heimzugehen. Unterwegs sprachen sie nur von Brigittes Plan, und die Sicherheit des Mädchens übertrug sich endlich auch auf Jonny. Für ein paar Minuten waren sie froh und unbeschwert, als hätten sie alle Probleme gelöst.

Doch plötzlich, als sie am Hause in der Gartenstraße angekommen waren, blieb Jonny stehen und packte Brigitte am Arm. »Sieh mal!«

Brigitte konnte nicht verbergen, daß sie erschrak.

In unregelmäßigen, hastig geschriebenen Buchstaben stand in großer Kreideschrift an der Wand: »Hier wohnt ein Negerliebchen.«

»Jetzt geht es auch gegen dich«, sagte Jonny. »Sie denken an alles, und sie denken so gemein.« Er stand mit hängenden Armen und starrte auf die Schrift. Dann wandte er sich dem Mädchen zu. »Laß mich laufen, Brigitte. Es hat keinen Zweck mehr. Sie setzen durch, was sie wollen. Peter hat sich auch nicht wehren können. Dich werden sie zwar nicht schlagen, aber so etwas«, er wies auf die Schrift, »kann viel schlimmer sein. Mach Schluß, Brigitte, es ist besser für dich.«

Das Mädchen lächelte, aber ihre zuckenden Mundwinkel und die Augen verrieten, welche Anstrengung dieses Lächeln kostete. Ihre Stimme klang nicht ganz sicher. »Aber es stimmt doch genau, was da steht, Jonny. Nur sollte man es nicht gleich an die Wände schreiben, wenn zwei sich gern haben.«

»Du weißt, daß etwas anderes gemeint ist.«

»Was diese Schmierfinken meinen, interessiert mich nicht. Wart einen Augenblick, ich bin gleich zurück.«

Sie eilte ins Haus und kam nach kurzer Zeit mit einem Eimer und zwei Bürsten wieder.

»Los, waschen wir das ab.«

Sie arbeiteten angestrengt, um das hartnäckige Weiß der Kreide von der Wand zu waschen.

»Mutti schläft schon«, berichtete Brigitte, »und Vati ist beim Skatspiel. Sie brauchen von diesem Geschreibsel nichts zu erfahren. Siehst du, es ist schon nichts mehr zu sehen.«

Die Bürsten plumpsten in den Eimer. Jonny trocknete sich die Hände an seinem Taschentuch. »Ich muß mich jetzt beeilen«, sagte er, »sonst komme ich zu spät ins Heim.«
»Einen Augenblick noch.« Brigitte nahm sein Taschentuch, trocknete ihre Finger daran, und dann legte sie plötzlich ihre Arme um Jonny und küßte ihn. Es war das erstemal seit jenen schüchternen, scheuen Küssen aus Trotz und Überraschung. Diesmal war es ganz anders.
»So«, sagte das Mädchen. »Das war die Antwort auf dein dummes Gerede von vorhin. Und nun lasse ich dich laufen. Du hast es ja gewollt. Ja, ich lasse dich laufen. Bis morgen!« Und ehe Jonny noch begriff, hatte Brigitte den Eimer gefaßt und war im Hause verschwunden.
Jonny ging langsam dem Heim zu und war mit dem Gewirr seiner Gedanken und Gefühle beschäftigt, von denen eines allmählich die Oberhand gewann: Dankbarkeit. Dankbarkeit – und ein schwellendes, warmes Gefühl, das wohl trotz allem Glück war, Glück, das sich mit einem Wort, mit einem Bild verband: Brigitte! Brigitte – so hieß die Antwort auf alles. Warum verzweifeln, es gibt doch Brigitte. Wovor sich fürchten? Es gibt Brigitte. Weshalb traurig sein, da es doch Brigitte gibt? Wer weiß, daß er von einem einzigen Menschen auf der Welt geliebt wird, der kann niemals ganz verzweifeln.
Jonnys Weg führte am Gasthaus zum Löwen vorbei. Als er an dessen Fenstern vorüber ging, hörte er Stimmengewirr und Gelächter, Faustschläge auf Tischplatten und das Klatschen der Spielkarten.
Herr Preussner saß drinnen an seinem gewohnten Platz und machte ein zufriedenes Gesicht. »Herz ist Trumpf!« sagte er und spielte aus.
Sein Skatbruder, der Lehrmeister Simons, bediente und sagte dabei: »Ja, ja, Herz ist Trumpf. Bei deiner Tochter auch, wie?«
»Wieso?«
»Na ja, Spiel mit einem. Jonny ist ihr Trumpf-Bube.«
Herr Preussner sagte schmunzelnd: »Laß ihr doch das Vergnügen«, und schob Herrn Simons die Karten zu, der zum nächsten Spiel zu geben hatte. Der aber zögerte und schob dann die Karten zusammen.
»Ich weiß nicht, ob du ihr das Vergnügen wirklich lassen solltest.«
»Wieso? Ist der Junge nicht in Ordnung?«
»Ich will ja nichts behaupten, was ich nicht verantworten kann, aber meine Lehrlinge munkeln so allerlei. Na ja, Jungen in diesem Alter haben manchmal eine üppige Fantasie.«
Vater Preussner verlor sein Lächeln.

Er wurde unruhig und fragte: »Was munkelt man denn?«
Meister Simons begann zu mischen und sah aufmerksam auf die Karten in seinen Händen. »Ach, nichts Besonderes, weißt du. Was Jungen halt so reden, wenn sie glauben, daß ihnen kein Erwachsener zuhört. Es wäre nicht weiter wichtig, nur, wer garantiert dir, daß Jonny nicht eine ebenso üppige Fantasie hat?«
Brigittes Vater preßte die Fäuste auf den Tisch und beugte sich ein wenig vor. »Du, hör mal, meine Brigitte ist ein anständiges Mädchen. Und den Jungen halte ich für einen ordentlichen Burschen. Ein bißchen Menschenkenntnis habe ich doch auch.«
»Friß mich nur nicht gleich auf. Ich behaupte ja gar nicht das Gegenteil. Aber als Vater würde ich mir doch meine Gedanken machen. Dein Mädel ist sechzehn, der Junge ist mächtig erwachsen für sein Alter. Es geht ihm dreckig. Es wird ihm ziemlich zugesetzt, das weißt du ja. Er hat nur seine Brigitte. Man weiß doch, wie es gehen kann: jung sein, verliebt sein, Spaziergänge am Abend, ein bißchen Mitleid . . . Kinder bleiben nicht ewig Kinder. Sie sind früher erwachsen als man meint. Nun mach kein so ängstliches Gesicht. Es braucht ja gar nichts zu sein.«
»Aber es kann«, mischte sich der andere Skatpartner ein. »Simons hat ganz recht, finde ich. Wenn deine Brigitte mein Mädchen wäre, wüßte ich, was ich täte. Ich fände es gar nicht lustig, eines Tages Großpapa von einem kleinen Schreihals zu werden, bei dem man nicht recht weiß, was er für eine Farbe hat.«
»Ihr seid verrückt«, brummte Herr Preussner verstimmt. »Schluß jetzt damit. Eure Fantasie ist auch nicht viel gesünder als die von Simons Lehrlingen. Ein junges Mädchen und ein Junge können doch gute Freunde sein. Meinetwegen auch verliebt. Ich behaupte, daß unsere Jugend viel besser ist als ihr glaubt. Los, Simons, nun gib schon und laß mich mit solchem Gerede in Ruhe.«
Seine Stimmung war verdorben, und er sagte bald die letzten drei Runden an. Auf dem Heimweg war er nachdenklich. Nein, da war nicht eine Spur von Mißtrauen in ihm. Er kannte seine Tochter, und Jonny glaubte er auch zu kennen. Und die Leute kannte er erst recht. Die Leute und ihre Lust am Klatsch. Es war so schwer herauszufinden, was nun richtig war und was falsch.

Das schwarze Brett im Lehrlingsheim schien das bevorzugte Schlachtfeld geworden zu sein. Am nächsten Nachmittag war die Reportage aus

Little Rock mit vielen kleinen Zeitungsausschnitten umklebt, deren Überschriften rot unterstrichen worden waren.
Jonny empfand fast Neugier, was man diesmal aufgetrieben haben mochte.
Er las: »Neger als Autoknacker«, »Schwarzer ermordet Taxifahrer«, »Negerterror in einer deutschen Bar«, »Jugendliche Schwarze vergewaltigen deutsches Mädchen«, »Farbige Rowdies«.
Erhards Gruppe mußte einige Mühe aufgewendet haben, um alle diese Ausschnitte zu finden. Aber es gibt ja viele Zeitungen, die nur zu gern eine Sensation daraus machen, wenn ein Verbrechen oder ein Vergehen von schwarzen Menschen begangen worden sind. Oder wird jemals die Hautfarbe erwähnt, wenn weiße Täter ergriffen wurden? Liest man dann etwa: »Weiße als Autoknacker«, »Weißer ermordet Taxifahrer«, »Weiße Jugendliche vergewaltigen junges Mädchen« oder »Weiße Betrunkene terrorisieren Barbesucher?«
Wir schmeicheln uns seit Jahren, mit »rassischen« Vorurteilen aufgeräumt zu haben. Liest man die Presse, die von Sensationen und Sensatiönchen lebt, so fällt es schwer, daran zu glauben.
Jonny zuckte die Schultern und ging weiter, aber sein Gleichmut war nicht echt.
»Nur recht bald wieder verschwinden«, dachte er. Und er hoffte, daß Brigitte vielleicht doch Erfolg haben könnte mit ihrem Gedanken, er solle zu Preussners ziehen. Es war, als läge die Feindseligkeit so greifbar in der Luft dieses Hauses, daß man kaum noch atmen konnte. Nur schnell waschen, ein paar Bissen essen, und dann fort.
Jonny war allein im Waschraum. Während er sich abtrocknete, blickte er aufmerksam in den Spiegel, als sähe er sein Gesicht zum erstenmal. Dann betrachtete er seinen nackten Oberkörper, die Arme, die Hände. Daß Sammy eintrat, bemerkte er nicht, bis der spöttelte: »Spieglein, Spieglein an der Wand, wer ist der Schönste im ganzen Land?«
Jonny schlang das bunte Handtuch um den Hals und setzte sich auf das Fußwaschbecken. »Du kannst dir nicht vorstellen, wie ich diese Haut hasse.«
»Haut kann man gar nicht hassen.«
»Aber den, von dem man sie hat.«
»Deinen Vater?«
»Ja, den unbekannten schwarzen Herrn, der zufällig mein Vater ist.«
»Ich verstehe dich nicht, Jonny. Oder vielleicht doch. Vielleicht ist es

unmöglich, selbst gerecht zu bleiben, wenn man ungerecht behandelt wird.«

»Wieso soll ich ungerecht sein?«

»Du solltest deinen Vater nicht hassen.«

»Nun komm mir bitte nicht auch noch mit dem vierten Gebot: Du sollst deinen Vater und deine Mutter ehren, wenn du Grund dazu hast.«

»Ich sage nur, du solltest deinen Vater nicht hassen. Welchen Grund hast du denn dazu?«

»Findest du wirklich, daß ich nicht genug Anlaß dazu hätte? Vielleicht siehst du dir einmal das schwarze Brett an.«

»Ach, hat das dein Vater da angeklebt?«

»Du redest Unsinn.«

»So, meinst du? Und ich sage dir trotzdem, daß du auch nicht besser bist als die anderen, wenn du deinen Vater nur deswegen verachtest, weil er dir keine andere Hautfarbe vererben konnte als seine eigene dunkle. Was weißt du denn sonst von ihm?«

»Nicht einmal seinen Namen. Überhaupt nichts weiß ich.«

»Siehst du. Du weißt also auch nicht, ob er nicht schon hundertmal vor Türen gestanden hat, die Plakate trugen: ›No dogs, no coloured people‹. Für Hunde und Farbige verboten. Du hast keine Ahnung, wie oft er schon aus einem Straßenbahnwagen gewiesen wurde, der nur für Weiße bestimmt war, wie oft er zähneknirschend vom Bürgersteig in die Gosse treten mußte. Vielleicht ist er ein kluger Kopf, ein tüchtiger Arbeiter, und vielleicht könnte er es weit gebracht haben, wenn er nicht schwarz wäre.«

»Meinetwegen, aber das interessiert mich nicht.«

»Es sollte dich aber interessieren. Was hier mit dir geschieht, das ist doch das gleiche, was dort in Amerika mit ihm oder doch mit Zehntausenden anderer Neger getan wird. Du kannst nichts dafür. Dein Vater genauso wenig. Warum solltest du ihn hassen? Du würdest dich dann mit den anderen auf eine Stufe stellen, die sich so erhaben dünken und so minderwertig sind. Die Dummheit, die Gedankenlosigkeit, die Schlechtigkeit derer muß man hassen, die nicht begreifen wollen, daß wir alle Menschen sind, ob wir nun weiß, gelb, schwarz, rot oder auch«, er tippte Jonny mit dem Zeigefinger gegen die Brust, »schokoladenbraun auf die Welt gekommen sind.«

»Wahrscheinlich hast du recht. Aber ich habe nichts davon, wenn ich es weiß, die anderen es aber nicht wissen.«

»Man muß es den anderen sagen. Jeden Tag, immer wieder. Einmal werden sie es begreifen.«
»Wenn sie es bisher nicht begriffen haben, wird sich daran auch nichts mehr ändern, bis ich ein alter Mann bin.«
Sammy wollte widersprechen, aber Jonny stand auf und ging hinaus. Sammy wischte sich das Haar aus der Stirn und sah dem Freund ratlos nach. »Wenn er doch wenigstens unrecht hätte«, dachte er. »Reden ist ja so leicht, aber wirklich ändern?« Er fühlte noch mehr als er dachte. Er fühlte, daß auch das Reden nicht leicht ist. Zu tief wurzelte in ihm die Erfahrung seines eigenen Lebens. Er hatte Furcht, gegen die anderen aufzustehen, weil er ahnte, sie würden sich auf ihn, den Juden, genau so stürzen, wie sie über Jonny herfielen. Er hatte Furcht, auch wenn er es sich nicht eingestehen wollte.
Jetzt, da er darüber nachdachte, wußte er es zum erstenmal. Und der Gedanke ließ ihn nicht mehr los. Bisher hatte er geglaubt, es besser zu machen als die anderen. Aber stimmte denn das? Wenn irgendwo ein Verbrechen geschieht, und jemand steht mißbilligend, aber mit verschränkten Armen dabei, wird er dann nicht mitschuldig? Und kann seine Schuld nicht sogar größer sein als die der anderen? Sammy hatte ja die Ungeheuerlichkeit all dessen begriffen, was man an Jonny beging. Von den Mittätern mochten manche nicht wissen, was sie taten.
Sammy sah aus dem Fenster. Es goß in Strömen und strömte in den Gossen. Er sah Jonny aus dem Hause treten, den Mantelkragen hochgeschlagen, die Hände in die Taschen vergraben und mit angezogenen Schultern und gesenktem Gesicht dem Regen entgegengehen.
Man müßte etwas tun, dachte Sammy, doch es dauerte lange bis ihm einfiel, was das sein könnte, und auch dann brauchte der Gedanke Zeit, um zum Entschluß zu werden. Noch als er die Treppe hinunterging, war er seiner Sache nicht ganz sicher, doch er wußte, daß man nie an ein Ziel gelangt, wenn man den ersten Schritt scheut.
Am schwarzen Brett blieb er stehen, und die Lehrlinge, die sich gerade auf dem unteren Flur aufhielten – Erhard unter ihnen –, glaubten wohl, er wolle den neuen Anschlag betrachten. Doch als er begann, die Zeitungsausschnitte Stück für Stück herunterzureißen, hoben sie erstaunt die Köpfe und kamen heran. Erhard schob sich an den anderen vorbei und tippte Sammy, der sich bei seiner Arbeit nicht stören ließ, auf die Schulter.
»Was machst du da, Sammy?«

»Siehst du das wirklich nicht?« fragte der zurück, ohne sich umzuwenden.
»Doch ich sehe es. Aber ich kann mir nicht vorstellen, was du dir dabei denkst.«
Sammy entfernte unbeeindruckt auch das letzte Foto und wandte sich dann um: »Das glaube ich dir, Erhard.«
»Du darfst mir sogar glauben, daß du das bereuen wirst.«
»Kaum.«
»Wir sind schon mit anderen fertig geworden.«
Sammy lächelte seinem Gegenüber in das drohende Gesicht. »Sieh mal, als Feinmechaniker kurz vor der Prüfung verstehst du doch etwas von der Technik. Der Mensch ist ein komplizierter Apparat. Er hat eine Zunge und er hat ein Gehirn. Das Gehirn ist die Bremsvorrichtung für die Zunge. Je besser es funktioniert, desto weniger Unheil richtet die Zunge an. Bei dir hat sie in letzter Zeit furchtbar viel Leerlauf.«
Die fünf oder sechs Zuhörer drängten näher, um nichts zu versäumen. Es hörte sich ganz so an, als könnte es bald heftig zugehen.
Erhard machte eine höfliche Verbeugung. »Ich danke schön für die Belehrung. Aber ich halte nicht so viel vom Reden wie du. Versuch nicht noch einmal querzuschießen, sonst müßte ich mir eine Methode ausdenken, die bei dir helfen könnte.«
»Hundepeitschen vielleicht?«
»Wir finden für jeden die Methode, die zu ihm paßt.«
»Na gut, denk dir eine aus. Aber wir kämpfen mit sehr ungleichen Waffen, Erhard. Ihr redet doch so oft und so gern von sportlicher Fairneß wie ein armer Mann vom Geld. Ich will fair sein und dir ein wenig helfen, denn du bist der Schwächere, wenn du es auch nicht glaubst. Wenn du in einer halben Stunde auf mein Zimmer kommst, werde ich dir ein Mittel verraten, mit dem du mich erledigen könntest. Und ihr anderen kommt am besten auch.«
»Warum nicht gleich?« erkundigte sich Erhard.
»Weil es mir lieber wäre, wenn recht viele von den anderen mitkämen. Sie gehören doch alle zu deiner Gruppe, nicht wahr?«
»Albernes Gerede.«
»Du hast wieder einmal recht«, meinte Sammy nickend und ging zur Treppe.
Die Jungen sahen ihm wortlos nach, bis Erhard sagte: »Er soll seinen Spaß haben«, und Wulf stimmte ihm zu: »Und ob!« Er ließ dabei die

Hand durch die Luft sausen, als schwänge er eine Peitsche.
»Trommelt alle zusammen. Es soll Herrn Sammy nicht an Publikum fehlen.«
»Bei dem Regen sind sowieso alle daheim.«
Nein, alle nicht.

Jonny lief zwar das Wasser in den Kragen, aber er war guter Laune. Er war ganz sicher, daß Brigitte ihm heute etwas Erfreuliches zu erzählen hätte. Vielleicht hatte sie wegen der Kammer im Dachgeschoß schon mit ihren Eltern gesprochen.
Als er den Marktplatz erreicht hatte, begegnete ihm Herr Preussner.
»Wohin, Jonny?«
»Zu Brigitte, wie immer.«
»Ist ja noch früh, Junge. Kommst du mit, ein Glas trinken?«
»Wenn es sein muß.«
»Gehen wir gleich ins Marktcafé.«
»Nein, da gehe ich nicht mehr hinein. Ich bin dort unerwünscht, weil ich dem Umsatz schade.«
»Also dann in den Löwen.«
Während sie nebeneinander über die regennassen Straßen gingen, wunderte sich Jonny. Bisher hatte ihn Herr Preussner noch nie eingeladen, mit ihm zu trinken.
In der Gaststube hängten sie die durchnäßten Mäntel auf, und Jonny wischte sich mit dem Taschentuch den Regen aus dem Gesicht. Herr Preussner schüttelte sich.
»Bei dem Sauwetter könnte man einen Grog vertragen, meinst du nicht?«
»Ich habe noch nie Grog getrunken.«
»Höchste Zeit, daß du ihn kennenlernst. Bist doch beinahe erwachsen.«
In diesem Augenblick wußte Jonny, daß Brigittes Vater nicht nur mit ihm trinken, sondern auch mit ihm sprechen wollte, und daß es nichts Angenehmes sein konnte, was er zu sagen hatte. Ihm fiel das Gespräch mit seinem Stiefvater in München ein. Der hatte auch so angefangen.
»Für dein Alter siehst du sehr erwachsen aus«, hatte der Stiefvater zuerst gesagt.
Während er sich setzte, sammelte er sich zur Abwehr, obwohl er noch nicht wußte, wogegen er sich zu wehren hätte.

Bis der Wirt den Grog brachte, sprach Herr Preussner vom Wetter und von anderen Belanglosigkeiten. Jonny schwieg. Erst als die dicken Gläser mit dem duftend dampfenden Getränk vor ihnen standen, räusperte sich der Taxifahrer und meinte: »Genau das richtige Getränk für eine Unterhaltung unter Männern.«

»Aha«, dachte Jonny. »Unterhaltung unter Männern. Also soll ich wieder einmal vernünftig genug sein, um irgend etwas einzusehen.«

Herr Preussner trank und blickte dabei prüfend über sein Glas auf Jonny, als wollte er abschätzen, wie er am besten beginnen sollte.

»Brigitte und du – ihr habt euch gern, wie?« fragte er langsam.

Jonny wurde es warm. Das kam vielleicht vom Grog, vielleicht aber auch daher, daß es für einen Jungen manchmal peinlich ist, etwas zuzugeben, was der andere doch längst weiß.

»Ja«, sagte er und dachte dabei, wie gut es doch sei, daß er nicht rot werden konnte wie die anderen.

»Hm.« Herr Preussner nickte fast wohlgefällig und sah vor sich hin, als müsse er über Jonnys Antwort lange nachdenken. Dann legte er seine Hand auf die Faust des Jungen, die neben dem Glase lag. »Schön ist das, wenn zwei sich gut verstehen, nicht wahr?«

Jonnys Verlegenheit wuchs, doch zugleich atmete er auf: es schien doch nichts Unangenehmes zu lauern.

»Meine Frau und ich mögen dich auch gut leiden, weißt du.«

Der Junge antwortete nicht, aber seine Augen bedankten sich.

Herr Preussner zog seine Hand zurück und griff wieder zum Glase. Er setzte es hart auf den Tisch. »Ja, es ist schade.«

»Was ist schade?« fragte Jonny und zog die Augenbrauen zusammen.

»Ja, sieh mal«, sagte der Mann, als müsse er jedes einzelne Wort bedenken, »ihr habt euch gern, und wir hätten eigentlich nichts dagegen. Aber wir Eltern müssen weiter denken als ihr jungen Leute, wenn ihr ein bißchen verliebt seid. Wir müssen die Rücksichten nehmen, über die ihr euch hinwegsetzt. Man lebt nicht allein auf der Welt, und was die anderen denken und sagen ist wichtig. Vor allem für ein Mädchen. Und wir möchten natürlich nicht, daß Brigitte noch mehr ins Gerede kommt, als sie es jetzt schon ist.«

»Was für Gerede denn?« fragte Jonny. »Sie tut doch nichts, worüber man klatschen könnte.«

»Traue ich ihr auch gar nicht zu. Und dir auch nicht. Aber die Leute munkeln so allerlei.«

»Wenn sie etwas Schlechtes sagen, ist es gelogen.«
»Ich glaube das, Jonny. Aber die Leute glauben es nicht. Das Gerede geht weiter, und plötzlich ist es um den guten Ruf Brigittes geschehen. Du kennst doch allmählich unsere kleine Stadt. Jeder weiß alles und noch ein bißchen mehr. Ob du immer hier wohnen wirst, weiß kein Mensch. Du auch nicht. Aber Brigitte wird wohl bleiben. Sie erbt einmal das Haus. Sie muß mit den Leuten leben und kann es sich nicht leisten, in schlechten Ruf zu kommen.«
Er schwieg und winkte dem Wirt, noch zwei Gläser zu bringen.
»Und?« fragte Jonny.
»Tja, es tut mir leid für euch beide. Zuerst tut es ja wohl ein bißchen weh, aber dann findet Brigitte einen anderen Jungen, du ein anderes Mädchen. Es gibt ja nicht nur euch zwei auf der Welt, und ihr seid noch so jung.«
»Wir sollen . . .«
»Es soll Schluß sein, ja. Mach nicht solch ein Gesicht, Junge. Du mußt doch verstehen. Eben hast du noch selbst gesagt, daß du Brigitte gern hast. Dann kannst du ihr doch nichts Schlechtes wünschen. Und es ist nicht gut für sie, mit dir beisammen zu bleiben. Das liegt nicht an dir, ich weiß, aber die Leute . . .«
Jonny brauste auf. »Die Leute, die Leute . . . Ich pfeife auf die Leute! Ich habe doch nur noch Brigitte. Alle anderen sind gegen mich. Sie haben ja keine Ahnung, wie schauderhaft das ist, Herr Preussner.«
»Nein, ich kann mir das vielleicht nicht vorstellen. Aber du weißt doch genau, wie schwer es ist, alle gegen sich zu haben.«
»Das kann man wohl sagen.«
»Und trotzdem willst du Brigitte in die gleiche Lage bringen?«
»Aber nein, das will ich nicht. Das könnte ich ja nicht einmal Erhard wünschen.«
»Also . . .«
»Weiß Brigitte?«
»Nein. Und sie wird es auch nicht verstehen. Noch nicht. Es wird nicht leicht sein, es ihr zu sagen. Wir haben uns verstanden, Jonny, nicht wahr? Es muß Schluß sein. Es geht nicht anders. Tut mir leid, Junge, glaub mir. Ich habe dich gern, aber meine Tochter liebe ich. Das mußt du begreifen.« Und dann versuchte er, seiner Stimme einen forschen Klang zu geben, als er hinzufügte: »Es gibt mehr Mädchen als Jungen auf der Welt. Ist es nicht die eine, so wird es eben die andere.« Doch er

merkte am freudlosen Gesicht des Jungen, daß diese Redensarten ihn nicht erreichten. Er stand auf. »Ich muß jetzt gehen.«
»Ich bleibe noch.«
Herr Preussner zog seinen Mantel an, zahlte und kam noch einmal an Jonnys Platz. Der Junge hob den Kopf, und dem Manne war, als bestünde das braune Gesicht nur aus zwei großen traurigen Augen.
»Grüßen Sie Brigitte«, sagte Jonny. »Bitte, vergessen Sie es nicht.«
Der Vater lächelte unfroh und fuhr dem Jungen mit der Hand durch das noch regenfeuchte kurze Haar. Dann ging er hastig hinaus als fürchte er, der Junge könnte ihn noch einmal ansprechen.
»Noch einen Grog!« rief Jonny dem Wirt zu. Der ging unzufrieden zur Küche. Kein Geschäft heute abend! Bei dem Wetter blieben die Leute zu Hause.

Ja, auch die Jungen im Lehrlingsheim waren zu Hause geblieben, und zur gleichen Zeit, da Herr Preussner sein Gespräch mit Jonny führte, drängten sie sich in Sammys Zimmer, das für so zahlreichen Besuch nicht eingerichtet war. Die Jungen saßen auf den wenigen Stühlen, auf den Betten, auf dem Tisch, und einer hatte sogar einen Schrank erklettert, weil sich sonst keine Sitzgelegenheit mehr bot.
Trotz der Fülle schien es, als zeichne sich eine Frontlinie ab. Sammy hatte sich auf sein Bett gesetzt, und trotz aller Schwierigkeiten, einen Platz zu finden, kam lange niemand zu ihm, und schließlich waren es Peter und sein Freund Werner, die es wagten, sich neben Sammy zu setzen und durch scheue Blicke auf Erhard, der als einziger stehen geblieben war, bewiesen, daß sie ihre Platzwahl tatsächlich für ein Wagnis hielten.
Es war jedem klar, daß etwas Besonderes geschehen würde, und die Spannung, die über der Versammlung der Jungen lag, wurde schon dadurch deutlich, daß zunächst kein lautes Wort fiel.
Sammy sah, daß der Erfolg seiner Einladung größer war, als er erwartet hatte. Und als er bemerkte, daß Erhard etwas sagen wollte, kam er ihm zuvor, denn er hatte sich seinen Plan wohl zurechtgelegt und wußte, daß es darauf ankam, das Gespräch fest in der Hand zu behalten.

»Schaffen wir klare Verhältnisse. Ihr habt euch ja in letzter Zeit daran gewöhnt, euch durch Bilder informieren zu lassen.« Er nahm zwei Fotos aus seiner Brieftasche. »Ich habe hier auch zwei Bilder und möchte, daß ihr sie euch anseht. Gebt sie ruhig herum.«

Er wartete ein Weilchen und beobachtete die Gesichter der Jungen, die kein Verständnis für das verrieten, was Sammy mit diesen Bildern wollte.

»Ich weiß, ihr seht nichts Interessantes. Das sind meine Eltern. So ungefähr müssen sie ausgesehen haben, als ich geboren wurde. Ich erinnere mich nicht an sie.«

»Willst du uns eine rührende Familiengeschichte erzählen?« fragte Erhard und verschränkte die Arme über der Brust.

»Eine rührende Familiengeschichte? Nein, ich glaube, das ist nicht das richtige Wort. Ich möchte nur ganz nüchtern etwas sagen, wovon ich glaube, daß es für uns hier interessant sein sollte.«

»Was soll das Gerede?« warf Wulf ein, aber zwei oder drei widersprachen, und auch Erhard sagte: »Schieß los, wir haben ja heute doch nichts Besseres vor. Aber glaub nicht, daß du uns mit Worten klein kriegen kannst.«

Sammy nahm die Fotos wieder an sich, barg sie in der Brieftasche und begann zu sprechen:

»Wenn ihr die Fotos genau angesehen habt, ist euch sicher aufgefallen, daß meine Eltern große gelbe Sterne auf der Brust trugen. Sie waren Juden, und ich bin Jude.

Ich war noch nicht ganz ein Jahr alt, als sie eines Tages abgeholt wurden und nicht mehr zurückkehrten. Sie hatten gewußt, daß es einmal so käme, und sich seit Jahren darauf vorbereitet. Mich hatten sie einer alten Frau in Pflege gegeben, obwohl es doch kaum Eltern gibt, die sich gern von ihrem kleinen Kind trennen. Sie hofften, daß ich auf diese Weise überleben könnte, und damit haben sie ja auch recht gehabt. Ich lebe, obwohl ich Jude und in Deutschland geboren bin. Es gibt nicht allzuviele, die das von sich behaupten können. So habe ich also drei Menschen mein Leben zu verdanken: meinen Eltern und der alten Frau, die mich aufgenommen und als ihr Enkelkind ausgegeben hat, obwohl sie wußte, daß es gefährlich war, was sie tat. Erst als ich alt genug war, um zu begreifen, hat sie mir von meinen Eltern erzählt und wie sie gestorben sind. Nicht auf rührende Weise, Erhard. Meine Mutter ist verhungert. Und von meinem Vater glaubt man, daß er in einem Gasofen umgekommen ist.«

»Warum?« fragte Dieter.

»Ich sagte es doch schon: sie waren Juden. Damals war das ein ausreichender Grund, umgebracht zu werden. – So, ich habe mein Verspre-

chen gehalten. Jetzt habt ihr einen Anlaß, mich genau so anzugreifen wie Jonny.«
»Wieso? Du bist doch weiß«, sagte Wolfgang verständnislos.
»Ja, ich bin weiß. Aber Jonnys Hautfarbe ist doch nur ein Zeichen dafür, daß sein Vater einer anderen Rasse angehört als eure Väter. Ich bin in der gleichen Lage, also fallt über mich her.«
Es war deutlich zu merken, daß die Jungen nicht wußten, wie sie sich verhalten sollten. Die meisten blickten auf Erhard, der an der Unterlippe kaute und sich endlich aufraffte.
»Gegen dich haben wir nichts. Du sollst dich nur aus unserer Geschichte mit dem Schwarzen heraushalten, das ist alles. Was du uns da erzählst, hat mit der Sache nichts zu tun.«
»Hat es doch. Da du es noch nicht begriffen hast, will ich es dir gern erklären.«
»Ich will nichts mehr hören.«
»Laß ihn doch reden«, sagten mehrere und sahen Sammy erwartend an.
»Meine Geschichte hat ganz genau mit Jonnys Geschichte zu tun. Was ihr jetzt mit Jonny macht, ist genau das gleiche, das meinen Eltern und ein paar Millionen anderer Juden geschehen ist.«
Erhard lachte spöttisch: »Zeig mir doch mal den Gasofen!« Aber er fand keine Zustimmung.
»Der fehlt noch, aber wenn man dich gewähren ließe, würde er gebaut.«
Erhard richtete sich auf, als wolle er heftig erwidern, aber er sagte nichts.
»Damals, als die Juden in Deutschland verfolgt wurden, gab es unzählige Menschen, die nichts gegen die Juden hatten. Aber das, was man den Antisemitismus nannte, erfaßte trotzdem fast das ganze Volk. Es schien wenigstens so.
Da gab es Leute, die es recht erfreulich fanden, wenn jüdische Geschäftsleute ihre Läden verloren, denn man konnte ihre Geschäfte übernehmen. Nicht wahr, Wulf, es ist doch recht angenehm, das Geld verdienen zu können, das sonst ein anderer verdient hat?
Andere waren mit Juden befreundet. Man trieb es ihnen mit Gewalt aus. Sie gaben nach, weil sie erfahren mußten, was Terror heißt. War es bei dir nicht auch so, Peter?
Wieder andere fanden Gefallen an dem seltsamen Sport, Menschen zu

jagen und zu quälen. Es gab ein so herrliches Machtgefühl. Du verstehst das doch sicher sehr gut, Wolfgang?
Die meisten taten, was die Mehrheit tat. Und hier? Wie ist das? Dieter und Rolf, Manfred und Volker?
Manche fürchteten für ihr Geschäft, wenn sie nicht von den Juden abrückten. Sie hingen Schilder an die Türen: Juden sind hier unerwünscht! Und die Wirtin vom Marktcafé läßt Jonny nicht mehr in ihr Lokal.
Andere wollten einfach ihre Ruhe. Frau Herbst gehört heute dazu.
Alle Gründe, die damals galten, gelten auch heute.
Und eine Gruppe gab es noch, das war vielleicht die schlimmste. Das waren die Menschen, die genau wußten, daß falsch war, was gelehrt wurde, daß Verbrechen über Verbrechen begangen wurden. Sie wußten es genau, aber sie schwiegen. Sie hatten Angst davor, die gleiche Verfolgung zu erleiden, wenn sie nicht schwiegen. Sie hatten immer ein schlechtes Gewissen und konnten sich, wenn sie vor dem Spiegel standen, selbst nicht mehr gerade in die Augen sehen, weil sie sich ihrer Feigheit schämten. Und diese Gruppe habe ich hier bis heute vertreten.
Jetzt will ich es nicht mehr, weil ich mich nicht mehr schämen will.
Ach ja, eine Gruppe habe ich vergessen. Das waren diejenigen, die unbeirrt bei ihrer Meinung blieben, daß Juden Menschen sind. Die alte Frau, bei der ich aufgewachsen bin, gehörte damals dazu. Und heute – Brigitte.«
Ein paar von denen, die Sammy mit Namen genannt hatte, schienen erst widersprechen zu wollen, doch da Sammy unbeirrt weiterredete, unterließen sie es, und als er geendet hatte, schienen sie ihren Widerspruch vergessen zu haben.
»Meine Kategorie hast du vergessen«, sagte Erhard in die Stille hinein und mühte sich, seiner Stimme spöttische Überlegenheit zu geben.
»Nein, vergessen habe ich sie nicht. Aber ich möchte dich nicht mit denen vergleichen, die damals verantwortlich waren. Dich halte ich nämlich trotz allem nicht für schlecht. Gemeinheit kann ein vorübergehender Fehler sein.«
»Wir haben doch Jonny gar nichts getan.«
»Es sind wahrscheinlich einige unter uns, die dir auch weiter folgen werden. Aber nicht einer ist hier, der nicht genau wüßte, daß ihr Jonny mehr getan habt, als ein Mensch ertragen kann. Ohne Brigitte hätte er es nicht aushalten können. Einen Anspruch hat jeder: das Recht darauf,

als Mensch behandelt zu werden. Das habt ihr ihm verweigert.«
Sammy stand auf. »Mehr wollte ich nicht sagen. Nur eines noch: ich packe jetzt meine Sachen und ziehe in Jonnys Zimmer. Macht was ihr wollt, aber denkt wenigstens einmal nach.«
Als kein Widerspruch laut wurde, atmete Sammy auf und spürte die Freude, die in ihm wuchs. Das Schweigen, mit dem seine Entscheidung aufgenommen wurde, bewies, daß die anderen ihrer Sache nicht mehr sicher waren.
»Ich ziehe auch zurück«, erklärte Peter und empfand das als selbstverständlich. Es kam ihm nicht in den Sinn, daß er wieder mit Hundepeitschen bedroht werden könnte. Aber vielleicht hätten ihn jetzt auch Hundepeitschen nicht mehr beeindrucken können.
»Wenn ihr etwas gegen Peters Umzug unternehmen wollt, so denkt bitte daran, daß ihr es dann mit zweien zu tun habt«, erklärte Sammy ruhig und begann, seine Sachen zusammenzusuchen.
»Mit dreien«, verbesserte Werner.
Die ersten Jungen verließen das Zimmer.

Etwa zur gleichen Zeit schlurfte der Wirt im Löwen an Jonnys Tisch und sagte: »Geh nach Hause, Junge. Ich will dichtmachen.«
Jonny blickte erschrocken auf. »Nach Hause?« fragte er.
Er zahlte und zog seinen Mantel an. Der Regen hatte aufgehört. Jonny ging in Richtung des Lehrlingsheimes, ohne auf seinen Weg zu achten. Erst als er das Haus vor sich sah, in dem nur noch wenige Fenster erleuchtet waren, schreckte er aus seinen Grübeleien auf und blieb stehen. Der Gedanke, jetzt in dieses Haus zurückzukehren, schien ihm ungeheuerlich. Seit Wochen schon betrat er es stets mit der ihm nur halb bewußten Frage, welcher neue Schlag ihn wohl erwarten mochte. Aber bis heute hatte er doch immer gewußt, daß er nur für kurze Zeit bleiben mußte. Er hatte ja Brigitte. Sie war ihm Zuflucht. Diese letzte Gemeinsamkeit mit einem anderen Menschen ließ alles erträglicher sein. Seit heute abend gab es diese Zuflucht nicht mehr, war die einzige Gemeinsamkeit aufgehoben. Und jetzt empfand er ein Grauen vor der haßerfüllten Atmosphäre des Hauses. Er dachte an sein Zimmer, das so tot war, seit niemand mehr darin lachte, sprach, atmete. Nein, es war nicht mehr auszuhalten. Jetzt nicht mehr.
Er wandte dem Hause den Rücken und ging langsam davon. Die Glocke der Kirchenuhr schlug zehnmal.

»Zehn Uhr«, sagte Peter. »Jonny ist sonst nie unpünktlich gewesen.«
Sammy, der ihm gegenübersaß, klappte sein Buch zu. »Er wird schon kommen«, meinte er.
Werner trat ans Fenster, schob den Vorhang zur Seite und blickte hinaus. »Nichts zu sehen.«
Sammy gähnte. »Gehen wir schlafen. Die Überraschung ist ebenso groß, wenn er uns schlafend antrifft.«
»Zuerst wird er meinen, in ein falsches Zimmer geraten zu sein«, sagte Peter lächelnd.
Eine Stunde später, die Jungen lagen längst in ihren Betten und hatten das Licht gelöscht, flüsterte Peter: »Er kommt nicht.« Werner und Sammy waren ebenfalls noch nicht eingeschlafen. Wenn sie es auch nicht sagten, so waren sie doch unruhig. Ausgerechnet heute kam Jonny nicht nach Hause. Und sie hatten sich so auf seine Freude gefreut.
Auch als sie aufstanden, war Jonny nicht da. Sein Platz am Frühstückstisch blieb unbesetzt. Die Lehrlinge an den anderen Tischen wollten wissen, was das zu bedeuten habe, und waren nicht recht davon überzeugt daß Sammy auch nicht wußte, wo Jonny sein mochte.
»Sonst war er nur abends bei seiner Brigitte, jetzt ist er morgens noch nicht zurück«, meckerte Erhard. Doch als ihn Sammy mit ungewohnter Heftigkeit anfuhr: »Halt den Mund!« schwieg er wirklich. Er spürte, daß seine Gefolgschaft abgeschwenkt war. Seine hämische Bemerkung hatte nirgends jenes Lächeln geweckt, das sonst auf Anspielungen dieser Art zu folgen pflegte.
Nach beendeter Mahlzeit hielt Sammy Erhard zurück. »Einen Augenblick nur, Erhard. Ich verstehe etwas nicht. Du hast einmal behauptet, Brigitte sei deine Freundin. Sie sagte, sie wisse nichts davon. Wie kommt das eigentlich?«
Zuerst kniff Erhard die Lippen zusammen und blickte Sammy abweisend an. Doch dann entspannnte sich sein Gesicht, und er sagte leise: »Ich habe doch Brigitte wirklich gern, Sammy. Es ist nicht gelogen. Und sie hat auch die Wahrheit gesagt. Sie wußte es nicht. Woher hätte sie es wissen sollen? Ich habe es ihr nie gesagt, und sie hatte auch keine Gelegenheit, es zu bemerken. Es stimmt schon, ich war ihr Freund, wenn sie auch nicht meine Freundin war. Ich habe nur immer gehofft, sie würde es einmal werden.«
»Warum hast du denn nichts dazu getan?«
»Du wirst mich auslachen, wenn ich es dir sage. Aber meinetwegen lach

so viel du willst. Ich habe es einfach nicht gewagt. Und dabei bin ich gar nicht schüchtern. Das weißt du ja. Mit allen möglichen Mädchen unterhalte ich mich. Nur bei Brigitte war es so anders, weißt du. Ich habe mir immer gewünscht, ihr zu begegnen, aber wenn ich ihr begegnet bin, habe ich schnell gemacht, daß ich fortkam.«
Sammy lachte nicht. Er nickte ernst. »Hm, ich glaube, ich kann das verstehen, Erhard. Und ich begreife auch das andere. Jonny war dir im Wege, und du wolltest ihn verdrängen. Mit seiner Hautfarbe hatte das gar nichts zu tun, sie war nur ein willkommener Vorwand.«
Erhard spielte mit einem Salzfäßchen und tat, als sei seine Aufmerksamkeit ganz von diesem Spiel in Anspruch genommen. Endlich nickte er, und es war ihm anzumerken, daß es ihm nicht leicht fiel, es zuzugeben: »Ja, so war es wohl. Wenigstens am Anfang. Aber je länger es dauerte, desto mehr habe ich selbst daran geglaubt, daß es darum ginge, einen Schwarzen zu vertreiben.«
»Es ist immer so, Erhard. Ob es nun gegen Juden geht oder gegen Farbige. Die zuerst den Rassenhaß predigen, bemänteln damit irgendwelche anderen Interessen. Sie finden Leute, die ihnen glauben, und schließlich glauben sie auch selbst an das, was sie sagen, weil sie sich von den anderen bestätigt fühlen.«
»Und dabei war das alles so dumm. Nun ist an Brigitte überhaupt nicht mehr zu denken.«
»Du wirst wohl recht haben. Was du Jonny getan hast, das hat auch sie getroffen. Sie wird es nicht vergessen. Höchstens einmal verzeihen.«
»Wir müssen gehen«, sagte Erhard. Es war höchste Zeit. Die Sirene heulte schon. Die übrigen standen bereits an ihren Plätzen, als Erhard und Sammy die Werkstatt betraten. Nur Jonny fehlte.
Herr Simons bemerkte es und erkundigte sich: »Wo ist Jonny?«
Sammy gab unruhig Auskunft: »Er ist gestern abend nicht nach Hause gekommen. Wir wissen nicht, wo er sein könnte.«
Der Lehrmeister schüttelte mißbilligend den Kopf und ging zum Telefon. Die Jungen hörten: »Guten Morgen, Herr Willnow. Der Jonny Kraus fehlt heute. Die Jungen sagen, er sei in der Nacht nicht zu Hause gewesen. Hat er sich bei Ihnen entschuldigt? Nein? Das ist vielleicht ganz gut. Verstoß gegen die Hausordnung, unentschuldigtes Fernbleiben von der Arbeit. Das könnte ausreichen, um ihn zu entlassen. Ja, ja, selbstverständlich, erst muß man wissen, was nun eigentlich los ist. Gut, Herr Willnow, ich rufe sie an, wenn ich etwas erfahre.«

Als er den Hörer aufgelegt hatte und sich umwandte, stand Sammy vor ihm.
»Entschuldigen Sie, Herr Simons. Wir brauchten nicht zu lauschen, um zu verstehen. Was Sie da von Entlassung gesagt haben, das kann doch nicht Ihr Ernst gewesen sein?«
Der Meister runzelte unwillig die Stirn. »Was geht dich das an? Aber wenn du es wissen willst: Es ist ernst gemeint. Ich habe zu Späßen keinen Grund. Es wird höchste Zeit, daß hier wieder Ruhe einkehrt.«
»Die Ruhe hat nicht Jonny gestört, sondern wir haben das getan. Und er fehlt auch nicht unentschuldigt. Er wird davongelaufen sein. Jeder von uns hätte das schon früher getan. Er ist reichlich, überreichlich entschuldigt, denn wir haben ihn dazu gezwungen.«
»Du doch nicht«, mischte sich Wolfgang ein.
»Doch, ich auch. Wir alle.«
»Mich interessiert nur, daß er nicht zur Arbeit gekommen ist«, schloß Herr Simons ab. »Mit allem anderen habe ich nichts zu schaffen.« Er wunderte sich ein wenig, daß sich nun plötzlich Widerstand anmeldete, als die Jungen zum erstenmal das Wort Entlassung hörten. Wußten sie denn gar nicht mehr, was sie wollten?
Die Jungen arbeiteten wortlos, und das Schweigen in der Lehrwerkstatt unterstrich die Unruhe, die sich langsam ausbreitete.
In der Frühstückspause ging Sammy zum Hauptgebäude hinüber. Im Rechnungsbüro saß Brigitte an ihrer Schreibmaschine.
»War Jonny gestern bei dir?« erkundigte sich Sammy.
»Nein. Bei dem Wetter wird er wohl lieber im Heim geblieben sein. Wir hatten uns verabredet, aber er ist nicht gekommen.«
»Er ist nicht im Heim geblieben. Gleich nach sechs ist er gegangen, und seitdem ist er noch nicht zurückgekommen.«
»Nicht zurückgekommen? Aber wo ist er denn dann?«
»Das möchte ich ja eben wissen.«
Sie sahen sich ratlos an, und in ihren Augen wuchs aus dem Befremden die Beklemmung, aus der Ahnung die Angst.
»Wohin könnte er gegangen sein?«
Es gab keine Antwort auf diese Frage.

Jonny ging quer durch den Wald und wirbelte das raschelnde Herbstlaub auf. Er überraschte sich dabei, daß er leise vor sich hin sang:

Zähl ja nicht voll,
bin ja kein Mensch,
ich bin nur ein Nigger . . .«

Vorhin hatte er die Sirene des Willnow-Werkes gehört, aber es war ihm nicht in den Sinn gekommen, daß ihr Heulen ihn etwas angehen könnte. Fast zwölf Stunden ging er jetzt, und doch hatte er sich noch nicht weit von der Stadt entfernt. Er wußte nicht genau, welche Wege er gegangen war, nur manche Stationen waren noch in seiner Erinnerung. Vor Brigittes Haus hatte er lange gestanden, und auch an jener Stelle am Fluß, an der das Wasser einmal so silbern geblinkt hatte. Jetzt war der Fluß nur ein unbewegtes, dunkles Band, aus dem manchmal ein Glucksen drang, und die Finsternis verhüllte die Wanderziele des anderen Ufers. Es gab keine Ziele mehr.

Er wußte, daß er auf der Flucht war. Er war schon einmal geflohen. Damals aus München. Und das war ganz leicht gewesen. Er wußte ja, wohin er wollte. Es gab einen Ort, der Geborgenheit versprach. Aber jetzt? Wohin konnte er noch gehen? Wieder nach München? Nein! Aufgeben? Zurück ins Heim? Nein.

Flucht, die kein Ziel hat, kann nur in der Hoffnungslosigkeit enden.

Übermüdung und Morgenkühle ließen ihn zittern. Er blickte um sich und sah, daß er kaum hundert Meter von dem alten Schloß mit dem Aussichtsturm entfernt war. Er ging darauf zu. Eine alte Frau öffnete gerade die Türen zur Gaststätte und zum Turm. Sie tat es wohl mehr aus alter Gewohnheit als in der Hoffnung, daß an einem so trüben Morgen Gäste kommen könnten.

»Kann ich eine Tasse Kaffee haben?« fragte Jonny. Die Frau musterte ihn aufmerksam und entgegnete dann: »Es dauert aber ein Weilchen. Ich habe noch kein Feuer im Herd.«

»Ich steige inzwischen auf den Turm«, nickte der Junge und ging schon zur Wendeltreppe hinüber.

»Da wird bei dem Wetter nicht viel zu sehen sein«, meinte die Alte brummend und ging in die Küche, um dem frühen Gast den Kaffee zu bereiten.

Erst auf der Höhe des Turmes spürte Jonny den heftigen Wind. Er schlug den Mantelkragen hoch. An der gleichen Stelle, an der er es damals getan hatte, beugte er sich über die Brüstung. Seine Linke hielt er neben sich ausgestreckt, und es war, als streichelte er das alte Gemäuer.

Vor der Stadt lag ein dichter Vorhang von feuchtem Dunst. Jonny blickte in die Tiefe. Braune Baumwipfel und darunter der kleine freie Platz. Aber alles war farbloser als damals. Nicht nur, weil die grellen Farbtupfen der Sonnenschirme fehlten.
»Man müßte es einmal versuchen«, dachte er.
Es dauerte fast eine halbe Stunde, bis die Frau eine Tasse Kaffee in die Gaststube trug. Sie wunderte sich, daß der Junge noch immer auf dem Turm war. So angenehm konnte es doch heute morgen dort oben wirklich nicht sein. »Nun läßt er auch noch den Kaffee kalt werden«, schimpfte sie vor sich hin, dann ging sie zum Turmaufgang hinüber und rief die Wendeltreppe hinauf: »He, junger Mann, Ihr Kaffee steht auf dem Tisch!« Aber sie war nicht sicher, gehört zu werden.

Der Arbeitstag verging mit schleichenden Stunden. Auch wer am Morgen noch geglaubt hatte, Jonnys Verschwinden kläre sich bald auf, war nun von der allgemeinen Erregung gepackt.
Die Stimmung beim Abendessen war gedrückt, und als Wulf versuchte, das Schweigen zu durchbrechen: »Nun redet doch einmal etwas, Jungens. Wir sind doch hier in keinem Trauerhaus«, antwortete jemand leise: »Hoffentlich nicht.«
Peter saß vor seinem Teller, ohne zu essen. Sammy sah, wie die Angst um den Freund den Jungen gepackt hatte, und versuchte, als sie wieder in ihrem Zimmer saßen, ihn zu ermutigen.
»Es hat keinen Sinn, Peter, den Kopf hängen zu lassen. Jonny ist bestimmt nichts geschehen. Er hat einfach die Nerven verloren und ist davongelaufen. Ich habe befürchtet, daß es einmal so kommen würde. Aber er kommt zurück, daß ist ganz sicher. Wohin soll er denn gehen? Wer allein ist, geht dahin, wo er noch einen Menschen hat, der zu ihm hält. Und für Jonny ist das hier, in dieser Stadt. Er hat nur Brigitte, und zu ihr wird er gehen, wenn er begriffen hat, daß es für ihn kein anderes Ziel mehr gibt.«
Peter lächelte, um Zuversicht bemüht.
Es war, als erwarteten die meisten der Jungen, Sammy könne sie von ihrer Unruhe befreien. Doch der Gegenstand aller Gespräche, der laut geführten und der verschwiegenen, war die Frage nach Jonny.
Auch Wolfgang kam, setzte sich still an den Tisch und sagte erst nach langer Zeit: »Wenn man doch wenigstens beweisen könnte, daß man es besser machen möchte.«

Dieter kam hinzu. Er hielt Zeitungsblätter in der Hand und breitete sie zögernd auf dem Tisch aus. Die anderen lasen: »Alle lieben Jonny.«
»Soll ich das unten wieder anschlagen?« fragte Dieter unsicher, als habe Sammy darüber zu entscheiden.
Der schüttelte den Kopf. »Nein, Dieter, so geht es nicht. Man soll nicht eine Lüge durch die andere ersetzen, und was da geschrieben steht, ist unwahr. Nicht alle lieben Jonny. Kein Mensch wird von allen geliebt. Man wird es nie erreichen, und darauf kommt es auch gar nicht an. Es wäre ja schon so viel, wenn es Wahrheit würde, daß alle Jonny achten, weil sie alle Menschen achten.«
»Ich dachte nur . . .
»Du dachtest, man könne alles abwischen wie Kreideschrift von einer Tafel. Man kann es nicht.«
»Menschenskind, mach es doch nicht so feierlich«, protestierte Werner. »Die Hauptsache ist, daß Jonny wiederkommt, dann werden wir schon sehen, was man kann und was nicht.«
In diesem Augenblick wurde die Tür aufgerissen und Brigitte stürmte herein. »Sammy! Jonny hat sich umgebracht!« Sie ließ sich auf einen Stuhl fallen und legte den Kopf auf den Tisch. Die Jungen waren aufgesprungen und starrten das Mädchen entsetzt an. Nur Peter legte sich auf sein Bett und drehte das Gesicht zur Wand.
»So weit haben wir es gebracht«, flüsterte Wolfgang.
Brigitte hob das Gesicht. Sie weinte. »Nicht ihr. Mein Vater ist schuld.«
»Los, rede«, sagte Sammy rauh.
»Mein Vater hat ihm gestern verboten, künftig mit mir zusammenzukommen. Und vor ein paar Tagen hat er mir noch gesagt, wenn ich nicht wäre, würde er vom Aussichtsturm springen. Ihr kennt doch den Turm vom alten Schloß.«
»Und nun ist er . . .«
»Bestimmt.«
»Ich glaube es nicht«, sagte Sammy. »So etwas sagt man wohl einmal, aber man tut es nicht, wenn man so jung ist wie wir. Ich glaube es einfach nicht.«
Peter richtete sich auf. »Aber ich glaube es. Bestimmt hat er es getan. Was sollte er denn sonst noch tun? Ihr habt ihn dazu gebracht. Ihr seid schuld, ihr habt ihn umgebracht!« Seine Worte überstürzten sich und wurden von hemmungslosem Schluchzen verdrängt.

»Wir müssen ihn suchen.« Sammy griff nach seinem Mantel.
»Zu Fuß sind das zwei Stunden«, meinte Werner.
Brigitte wurde lebhaft. »Wir gehen zum Bahnhof. Mein Vater muß uns fahren.«
Schon eilten das Mädchen und Sammy die Treppe hinab. Peter polterte hinterher. Zu dritt hasteten sie dem Bahnhof zu.
»Was ist denn los?« fragte Herr Preussner besorgt, als die jungen Leute keuchend an seinem Wagen standen.
»Du mußt uns fahren. Jonny ist verschwunden.«
»Verschwunden? Wieso?«
»Seit gestern abend ist er nicht ins Heim zurückgekommen. Seit du mit ihm gesprochen hast.«
»Brigitte fürchtet, er könnte sich etwas angetan haben«, fügte Sammy hinzu.
»Aber das ist doch nicht möglich. Wegen so einer Sache bringt sich doch niemand um.«
Herr Preussner wurde von der Aufregung angesteckt. »Das habe ich doch auch nicht ahnen können, Kinder. Wenn man gewußt hätte . . . vielleicht hätte man es dann ja auch anders anfangen können.«
»Wir dürfen nicht so lange reden«, drängte Peter. »Wir müssen ihn doch suchen.«
»Selbstverständlich müssen wir ihn suchen. Aber wo denn?«
»Ich weiß, wo wir ihn finden könnten. Er ist bestimmt dort. Er hat es doch erst vor ein paar Tagen gesagt. Fahr uns zum Aussichtsturm.«
»Steigt ein«, sagte Herr Preussner, und wenig später schoß der Wagen durch die Straßen, verließ die Stadt. Brigitte saß neben ihrem Vater, die beiden Jungen auf den hinteren Sitzen, die Hände zwischen den Knien, angestrengt geradeaus blickend, weil sie sich nicht in die Gesichter sehen wollten. Sie hofften, daß sie Jonny fänden, und sie fürchteten sich zugleich davor.
Herr Preussner lenkte den Wagen von der Landstraße in den aufwärtsführenden Waldweg.
Kein Wort wurde gesprochen, bis die Schloßgaststätte erreicht war. Brigitte lief um das Haus herum, die Jungen und der Mann folgten ihr. Das Mädchen stand auf der kleinen Lichtung am Fuße des Turmes und schaute suchend um sich.
»Hier müßte er liegen«, sagte sie leise. »Hier hat er es damals gesagt.«

Peter hob das Gesicht und sah die ragende Silhouette des Turmes. »So hoch.«
»Ich hole den Wagen, dann haben wir Licht.«
Doch auch als die Scheinwerfer die Lichtung erhellten, sahen sie nicht, was zu sehen sie sich fürchteten.
»Nichts.« Es klang, als sei Herr Preussner erleichtert.
»Wir müssen uns erkundigen, ob Jonny hier gewesen ist. Wo sollen wir sonst suchen.«
Die Tür der Gaststätte war bereits verschlossen, aber hinter den Fenstern war noch Licht zu sehen.
Sammy klopfte, und da sich nicht gleich etwas rührte, hämmerte Peter mit den Fäusten gegen die Tür. »Aufmachen!« schrie er. »Machen Sie doch endlich auf!«
»Ruhe, Peter«, mahnte Sammy. »Es hat keinen Sinn, sich aufzuregen.«
Peter hörte nicht auf ihn und rüttelte an der Klinke.
Drinnen schimpfte jemand, dann wurde geöffnet: »Was ist denn das für ein Lärm? Hier ist geschlossen«, tadelte die Wirtin, doch Peter drängte schon an ihr vorbei als erwarte er, Jonny in der Gaststube zu finden.
»Entschuldigen Sie«, erklärte Herr Preussner. »Wir suchen einen Jungen.«
»Hier ist kein Junge«, erwiderte die Frau ruhiger, als sie den Taxifahrer erkannte.
Brigitte drängte sich vor. »Ist er denn nicht hier gewesen?«
»Wer denn?«
»Jonny.«
»Ich kenne keinen Jonny.«
»Ein Freund von uns«, erläuterte Sammy. »So ein großer Brauner mit krausem Haar, wissen Sie. Den haben Sie bestimmt bemerkt, wenn er hier war.«
»Ach, meint ihr etwa den Schwarzen?«
»Jonny ist doch kein Schwarzer«, widersprach Peter, doch Sammy winkte ab. »Ja, den suchen wir.«
»Ja, ja«, erklärte die Frau. »Der war hier. Gleich heute morgen. Ich hatte gerade aufgemacht und habe mich noch gewundert, daß so früh jemand kam. An so trüben Tagen kommt sonst vormittags niemand. Wir liegen ja viel zu weit von der Stadt und haben eigentlich nur bei gutem Wetter Betrieb.«

Brigitte unterbrach die umständlichen Erörterungen der Frau: »Wie lange war er hier? Wohin ist er?«
»Er hat eine Tasse Kaffee bestellt und ist dann auf den Turm gestiegen. Ich habe ihn gerufen, als der Kaffee fertig war, weil er doch so aussah, als könnte er dringend etwas Warmes gebrauchen. Er ist erst gar nicht gekommen. Ich hatte schon Angst, es wäre ihm etwas passiert, aber dann kam er doch. Fast eine Stunde ist er oben gewesen.«
»Er wollte es tun«, sagte Brigitte, während Peter drängte:
»Und dann?«
»Den Kaffee hat er gar nicht getrunken. Er hat nur gezahlt und ist dann gleich gegangen. Und dabei sah er doch so verfroren aus und so müde.«
»Wohin ist er gegangen?«
»Wie soll ich das wissen? Gesagt hat er nichts. Ich habe nur gesehen, daß er den Weg zur Landstraße hinunter genommen hat.«
»Schönen Dank«, sagte Herr Preussner.
»Was ist denn mit dem Jungen?« wollte die Frau wissen, aber sie erhielt keine Antwort mehr und schloß kopfschüttelnd die Tür.
Im Schrittempo ließ Herr Preussner den Wagen abwärts rollen. Die Scheinwerfer brachen Lichtschneisen in den Wald.
»Fahren wir zurück«, schlug der Vater vor. »Wie sollen wir ihn finden? In zehn Stunden kann er weit gekommen sein, und wir haben doch gar keinen Anhaltspunkt.«
Brigitte schüttelte verbissen den Kopf. »Wir müssen ihn finden, hörst du? Wir müssen . . .«
Sie fuhren mehr als zwei Stunden kreuz und quer über Waldwege, auf denen der Wagen nur mühsam vorankam. Von Zeit zu Zeit hielten sie an, stiegen aus und riefen Jonnys Namen. Sie hörten keine Antwort.
Es war fast elf Uhr, als auch Sammy vorschlug, die Suche abzubrechen. Er fand keinen Widerspruch. Herr Preussner lenkte den Wagen der Straße und der Stadt zu.
Erst als das Scheinwerferlicht die ersten Häuser der Stadt traf, bat Brigitte: »Fahr uns noch zum Fluß, Vati.«
»Es ist doch sinnlos, Brigitte«
»Da ist eine Stelle, an der wir oft waren. Vielleicht ist er dort. Wir könnten es doch versuchen. Bitte . . .«
Herr Preussner zuckte die Schultern, aber er wendete nochmals. Brigitte wies ihm den Weg. Von der Straße bogen sie auf einen Wiesen-

pfad, dessen Windungen der Wagen kaum zu folgen vermochte. Und wieder umfing sie der Wald.
»Hier komme ich nicht weiter, Mädchen«, bedauerte der Vater und hielt an.
»Ich gehe zu Fuß weiter«, entschied Brigitte und stieg aus.
»Ich komme mit.« Sammy folgte ihr, während Herr Preussner und Peter im Wagen blieben. Der Kleine war so müde, daß es ihn Mühe kostete, nicht einzuschlafen.
Der Fahrer wandte sich ihm zu. »Das ist der letzte Versuch, dann fahren wir endgültig zurück. Brigitte sieht zu schwarz. Jonny wird schon wiederkommen. Vielleicht liegt er längst in seinem Bett, und wir suchen hier völlig vergebens.«
Brigitte und Sammy gingen nebeneinander auf dem engen Waldweg zum Fluß hinunter.
»Es ist kaum etwas zu sehen«, sagte Sammy, aber Brigitte hörte ihn nicht. Sie strebte hastig vorwärts. »Jonny!« rief sie, »Jonny!«
Dort war der Fluß. Das Mädchen eilte zum Ufer und blieb ratlos stehen.
»Er ist nicht hier«, flüsterte sie und wandte sich müde um, als der zurückgebliebene Sammy sie anrief.
»Brigitte, hier!«
»Ich komme.«
Sammy stand neben der dicken Buche, an der Jonny und das Mädchen damals gerastet hatten.
»Er ist nicht hier«, wiederholte das Mädchen.
»Sieh dich vor, du trittst ihn ja«, warnte Sammy.
Ja, den Rücken an den Baum gelehnt, saß Jonny und schlief.
»Jonny!« Brigitte kniete neben ihm und versuchte ihn wachzurütteln.
»Jonny, hör doch!«
Es dauerte ein Weilchen, bis der Junge die Augen aufschlug und das Mädchen erkannte.
»Brigitte«, sagte er, als habe er auf sie gewartet, und lächelte mit müdem Gesicht.
Sammy nahm seinen Arm. »Komm, es ist viel zu kalt, um hier zu schlafen. Im Heim ist es wärmer.«
Jonny wehrte sich nicht. Als er auf den Füßen stand, fühlte er wieder Kälte, Müdigkeit und Hunger. Erst als er zwischen Sammy und Brigitte dem Wagen zuging, wandte er ein: »Ich kann doch nicht mehr ins Heim zurück.«

»Es wird jetzt nicht mehr sein, wie es war«, versicherte Sammy.
Und wieder ein Weilchen später sagte Jonny: »Du, Brigitte, ich wollte . . .«, doch er vollendete den Satz nicht. Erst als sie den Wagen schon stehen sahen, fügte er hinzu: »Es ging nicht, Brigitte. Es sind keine Sonnenschirme mehr da, und so habe ich es nicht gewagt.«
»Wir bringen ihn!« rief das Mädchen. Peter kletterte eilig aus dem Wagen und stürzte auf den Freund zu.
»Mensch, Jonny!« sagte er und packte mit beiden Händen Jonnys Arm. Und noch einmal: »Mensch, Jonny!« Und er meinte so viel damit: Ich freue mich ja so! Und Gott sei Dank! Und: Wie konntest du das tun?
»Peter!« Da war wieder das Lächeln mit einer Spur von Glück darin.
Herr Preussner streckte ihm die Hand entgegen. »Entschuldige, Jonny. Aber wer wird denn gleich solche Dummheiten machen? Wir haben doch Angst um dich gehabt.« Vor der Wortlosigkeit des Jungen, in der keine Abwehr war, wurde der Mann unsicher. »Los, steigt ein, es ist spät. Sonst habt ihr morgen früh zur Arbeit nicht ausgeschlafen.«
Willenlos ließ sich Jonny in das Auto schieben. Er saß zwischen Peter und Sammy, Brigitte auf dem Vordersitz neben ihrem Vater. Es war so schön, den klugen Sammy und den kleinen Peter neben sich zu spüren, Brigittes Haar vor sich zu sehen. Es war so schön – und man brauchte ja noch nicht an das zu denken, was nun wieder käme.
Der Wagen fuhr holpernd über den Wiesenpfad. Die Wärme tat wohl.
»Du, hör mal«, sagte Sammy, aber Jonny hörte es nicht mehr. Er war eingeschlafen, und sein Oberkörper sank langsam an die Seite des älteren Freundes. Der legte ihm den Arm um die Schultern.
»Mensch, Jonny«, flüsterte Peter, dann legte er die Stirn auf die Rükkenlehne des Vordersitzes und weinte. Brigitte wandte sich halb um und strich ihm vorsichtig mit der Hand über das unordentliche Haar.
Der Wagen glitt über die Landstraße, fuhr in die Stadt ein und hielt vor dem Heim. Peter sprang heraus, die Stufen hinauf und läutete. Frau Herbst öffnete sofort. Trotz der späten Stunde war sie noch völlig angekleidet.
»Wir haben ihn«, rief Peter und drängte an ihr vorbei ins Haus.
»Sei doch still, die anderen schlafen längst.«
Aber Peter hörte sie nicht. »Wir haben ihn!« rief er. »Wir haben Jonny!« Er riß eine Tür auf. »Kinder, Jonny ist da!«
Hätten die Jungen wirklich alle geschlafen, so wäre der Flur nicht in so

kurzer Zeit mit keineswegs verschlafenem Leben angefüllt gewesen.
»Wo ist er?« fragte Dieter aufgeregt und zog dabei noch einen Hausschuh an. Werner kam die Treppe herabgewirbelt, wie alle anderen war er im Schlafanzug.
»Wir haben ihn!« wiederholte Peter und boxte einem in die Rippen. »Wir haben ihn!« Und faßte dabei einen anderen beim Kopf, als wollte er ihn erdrücken.
Keine Spur war mehr von Nachtruhe.
Doch plötzlich wurde es still. Sammy stand in der Tür und hielt Jonny am Arm, der kaum richtig erwacht war. Jonny sah die vielen Jungen. Er verzog das Gesicht, so daß nicht zu unterscheiden war, ob eine Grimasse der Angst oder ein Lächeln daraus werden sollte.
Ein paar Sekunden standen sie sich gegenüber, dann kam Leben in die Gruppe. Die ersten drangen auf Jonny ein und Lärm brach aus, zu dem sich Rufe und Lachen mischten. Der Jubel wurde dadurch gesteigert, daß er zugleich das schlechte Gewissen übertönen mußte.
Man wollte doch beweisen, daß man sich freute. Und es war doch wahr. Wer freut sich denn mehr als jemand, der glaubt, von einer Schuld frei zu werden?
Zuerst begriff Jonny nicht, was vor sich ging. Es konnte doch nur ein Irrtum sein, daß alle sich zu freuen schienen. Es konnte gar nicht . . .
Er drückte Hände, immer wieder Hände, viel mehr Hände, als es Jungen in diesem Hause gab. Und sie drängten sich alle so dicht um ihn, daß er sich nicht mehr rühren konnte. Sie schlugen ihm auf die Schultern, sie redeten, aber sie schrieen ja alle auf einmal, es war gar nichts zu verstehen.
Und jetzt fühlte Jonny keine Müdigkeit mehr und keinen Hunger. Er lächelte, schüchtern zuerst, dann immer strahlender, faßte noch einmal die vielen Hände und schüttelte sie. Dann versuchte er, sich aus der Menge zu befreien, aber das war nicht möglich.
Da war so viel Erleichterung, so viel Freude, so viel Bitte um Vergessen, guter Wille, es besser zu machen.
Auch Sammy vermochte nicht, dem Freund Raum zu verschaffen.
»Laßt mich doch bitte leben!« sagte Jonny lachend. »Bitte, laßt mich leben!«
Ja, er lachte zu diesem Satz strahlend und glücklich. Und wie oft hatte er in den letzten Wochen bitter und bettelnd gedacht: »Laßt mich doch bitte leben, mich, den Jonny. Es könnte ja so schön sein, dieses Leben,

und man liebt es doch so sehr, ob man nun weiße oder dunkle Haut durch sein Leben trägt.«

Jetzt aber dachte er nicht mehr daran. Er stand von den Jungen umringt und spürte nur noch die Freude, die so groß war, daß sie gar nicht genug Platz in einem Menschen finden konnte.

Endlich gaben sie ihm den Weg frei. Er ging der Treppe zu. Dort lehnte Erhard und trat zur Seite, als Jonny herankam. Der blieb stehen und streckte auch ihm die Hand entgegen, doch Erhard trat noch einen Schritt zurück und schüttelte den Kopf.

»Nein, Jonny, noch nicht. Vielleicht später einmal wieder. Hoffentlich.«

Er fühlte wohl, daß es Dinge gibt, die sich nicht mit einem Händedruck erledigen lassen, sondern die Bewährung verlangen.

Es mag scheinen, als habe Jonnys Geschichte ein glückliches Ende gefunden, und alles sei nun gut.

Es wäre voreilig, diesem Schein zu trauen.

Ob alles gut sein wird, das muß sich erst erweisen. An Jonny und an Millionen anderer Menschen. Nicht nur in unserer kleinen Stadt muß es sich zeigen, sondern überall.

Erst dann wird alles gut sein, wenn jedermann verstanden hat, daß der Mensch die Hauptsache, seine Hautfarbe aber Nebensache ist.